DU MÊME AUTEUR

Aux éditions Julliard

L'OBSTINÉ, roman.
LE GREFFIER, roman.

Aux éditions Jean-Claude Lattès

COCTEAU-MORETTI : L'ÂGE DU VERSEAU, essai.
DORA, en collaboration avec Jean Michel, document, prix littéraire de la Résistance 1975.

Aux éditions Grasset

L'AMI, roman.
LA KERMESSE AUX IDOLES, essai.
AVENUE DES DIABLES-BLEUS, roman.
CHEMIN DE LA LANTERNE, roman, prix Interallié 1981.
LE KIOSQUE À MUSIQUE, roman.
MES RAYONS DE SOLEIL, grand prix de la Littérature sportive 1987.
LA CHANSON DE MARIA, roman.
LE RUBAN ROUGE, roman, prix Jacques Chardonne 1991, prix du Sud Jean Baumel, 1992.
MES PORTS D'ATTACHES, souvenirs, 1994.

Aux éditions Denoël

ENTRE CHIEN ET CHAT, en collaboration avec Jean-Pierre Desclozeaux.

Aux éditions Glénat

LA COTE D'AZUR VUE DU CIEL, en collaboration avec Bernard Giani.

Aux éditions Arthaud

VILLAGES PERCHÉS DE PROVENCE ET DE LA RIVIERA, en collaboration avec Cuchi White.

Aux éditions Romain Pages

PRINCIPAUTÉ DE MONACO, Collection « Intime Europe ».

Aux éditions de l'Archipel

SA MAJESTÉ LE CHAT, essai, prix du Dr Méry 1992.

Au Livre de Poche

L'AMI, roman.
AVENUE DES DIABLES-BLEUS, roman.
CHEMIN DE LA LANTERNE, roman.
LE KIOSQUE À MUSIQUE, roman.
DORA, document.
MES RAYONS DE SOLEIL, souvenirs.
LA CHANSON DE MARIA, roman.

Le Roi René

Louis Nucera

Le Roi René

Le Comptoir
ÉDITIONS

Louis Nucéra a obtenu
le Grand Prix de Littérature
de l'Académie française 1993
pour l'ensemble de son œuvre.
En 1996, il a obtenu le prix Mac Orlan
également pour l'ensemble de son œuvre.

À Joseph Kessel.
Et au professeur Charles Aboulker,
en reconnaissance.

Je suis comme les gens qui ont une idée fixe et qui croient que le monde n'est occupé que de cette idée.

Chateaubriand

Le désespéré aime les images naïves.

Bernard Frank

La bicyclette, cette oeuvre d'art, ce joyau de l'esprit.

Curzio Malaparte

PROLOGUE

Le samedi 22 octobre 1988, nous étions plus de cinq cents réunis au sommet du col de Braus. Il y avait le plaisir de retrouver des copains perdus de vue et aussi beaucoup d'émotion. Nous attendions le fils de René Vietto. Escorté par de jeunes cyclistes, il devait disperser les cendres de papa, mort à Bollène, peu de jours avant.

Car tel avait été l'ultime vœu du « Roi René ». À 17 ans, il avait « forgé » sur les pentes du Braus son premier triomphe. Cinquante-sept ans plus tard, il souhaitait que ce qui restait de lui se mêlât à la terre et à l'air des sommets. L'automne resplendissait dans cette région niçoise. La beauté du lieu aurait pu faire pâlir le ciel d'envie, s'il n'était accoutumé à la splendeur. L'azur avait cette qualité que lui confère ce maître-peintre qu'est le Mistral. Il avait fortement soufflé la veille. Un vent léger subsistait ; il empêchait le bleu de perdre de sa perfection.

« Les voilà ! »

Au bout de la ligne droite, l'étrange cortège funèbre pointait. Cinq minutes plus tard, le fils du champion défunt franchissait le premier la ligne d'arrivée fictive. Dans le silence, Jean (il porte le prénom de son grand-père) Vietto descendit de vélo, prit le bidon accroché à son cadre, se dirigea vers le terre-plein qui surplombe la route, déboucha le bidon et le vida des cendres en dessinant comme des signes de croix. Un photographe ami – Raph Gatti – qui immortalisait la scène, en fut tout saupoudré. Aucun rire – fût-il crispé – ne poignarda la puérile dignité de l'instant. On ne peut faire plaisanterie de tout. « J'ai vieilli d'une mort », dit quelque part Julien Green. La foule, recueillie, semblait ressentir ce vieillissement que donne une irrémédiable absence. Parmi elle les anciens coureurs n'étaient pas le moins bouleversés. Les blessures de la vie sont plus apparentes à certaines heures. On ne prend plus la peine de les cacher.

Des mois plus tard, une stèle fut dressée. Comme pour la dispersion des cendres j'avais fait tout exprès le voyage depuis Paris en avion et escaladé à vélo ce Braus de légende, afin d'honorer le disparu. Une fois encore, il y avait foule, autant qu'un jour de Tour de France quand la montagne est comble de tension, de foi, de lyrisme et d'émerveillement. Après tout l'époque n'était pas si loin ou « le Roi René » défiait la pesanteur, fabriquait du rêve comme un rosier des roses et offrait sa ferveur à l'autel du cyclisme !

Il y eut des discours pour une fois fâchés avec l'emphase. Il y eut un long arrêt à la buvette. Il y eut des agapes non préméditées. Il y eut des souvenirs plus souvent éblouis que désenchantés. Il y eut de la gaîté parce que la passion de la vie reprenait ses droits et que la nostalgie sait aussi s'enfiévrer et sourire de vieilles complicités.

Je m'y rends cinq, six fois l'an, au faîte du Braus. Invariablement, je m'arrête devant la stèle. Il n'est pas rare d'y voir des fidèles. Ils méditent. Songent-ils à leur jeunesse ?

À ma dernière visite, surgi de nulle part, un chat noir vint frotter sa fourrure contre mon vélo, mes jambes et mon visage quand je me baissais. J'ai des rapports de consanguinité, ce me semble, avec le petit félin qui, comme le cycliste, aime le silence. Là, je crus pressentir que ce chat était plus que lui-même. Quand je le quittai, couché sur la stèle, un halo le nimbait.

Telle est l'atmosphère de magie qui, depuis le commencement, accompagne René Vietto.

Témoin ce livre paru en 1976 aux éditions du Sagittaire, là où Léon Pierre-Quint publia son

Marcel Proust. À chacun sa « madeleine » ; celle qui m'inspire ici a une odeur d'embrocation.

Magie donc, car pas une semaine ne s'écoule sans qu'on me demande : « Mais où peut-on trouver votre *Roi René* ? » Ainsi le héros des Tours de France 1934, 1939, 1947 demeure dans les esprits. N'est-ce pas miraculeux dans une période où l'accélération est reine ? N'est-ce pas mêmement le destin des grands grimpeurs, des grimpeurs ailés, de parsemer d'étoiles leur chemin de croix car, « ange de la montagne » ou non, gravir des cols est toujours affaire de souffrance, de dépassement de soi et de volupté ? « La poésie est partout où l'homme fabrique sa propre électricité sans utiliser le secteur commun », écrit Mac Orlan qui aimait le Tour de France et les « six-jours ».

Voilà donc ce *Roi René*, si longtemps absent des librairies, dans une nouvelle édition, peut-être améliorée parce que l'évolution du goût de celui qui écrit suggère cette espérance. On y parle de champions qui ne sont plus, comme s'ils vivaient encore. Au vrai, qui mérite davantage ce sauf-conduit pour l'éternité que ces êtres qui ont essayé, pendant des années, de ne pas éteindre les feux de leur enfance ? Felice Gimondi, Van Impe, Bernard Hinault (sorte de d'Artagnan d'Iffiniac), Delgado, Greg Lemond, Stephen Roche, Fignon, Laurent Jalabert, Indurain, ce grand d'Espagne, appartiennent, certes, à ce peloton d'hommes en majesté. Ils ne sont cependant pas présents dans cet ouvrage conçu avant leur avènement. Chaque génération à ses héros. Le merveilleux, dans le cyclisme, est que ce renouvellement n'exclut pas le respect des anciens mythes.

L. N.
Mai 1996

Le don des nostalgies !... C'est de l'émotion douce amère à volonté, de l'infini qui arrive en catimini, en trombe... au choix. Il suffit de se laisser aller, de renverser le sablier, de remonter le temps.

Dans cette petite musique, tant de joies, tant de peines (que les années ont calomniées jusqu'à les rendre dérisoires) jouent leur partition. C'est du sommeil dérangé ; de courts moments de nos vies qui se prolongent au gré de leur fantaisie.

On a des provisions de souvenirs. On pourrait parler de mille choses, dévaliser des visions : en tous genres.

Mais aujourd'hui c'est du vélo que je veux parler, de l'influence du mythe des champions sur les âmes enfantines, de cette chevalerie jeune d'à peine plus d'un siècle.

Il y en a des vélos dans la littérature, du vélo passion, du vélo poésie, du vélo humour, du vélo fou [1], du vélo tendresse. Je n'ai pu résister à citer quelques écrivains qui ont aimé la bicyclette, ne serait-ce que pour anoblir ce délire d'une enfance retrouvée...

1. « M. le Préfet de police, au lieu de pourchasser les bookmakers et les innocentes petites marchandes de fleurs, ferait beaucoup mieux de songer à réglementer les bicyclettes qui, par ces temps de chaleurs, constituent un véritable danger public. Encore, hier matin, une bicyclette s'est échappée de son hangar et a parcouru à toute vitesse la rue Vivienne, bousculant tout et semant la terreur sur son passage. Elle était arrivée au coin du boulevard Montparnasse et de la rue Lepic, quand un brave agent l'abattit d'une balle dans la pédale gauche. L'autopsie a démontré qu'elle était atteinte de rage.

Une voiture à bras qu'elle avait mordue a été immédiatement conduite à l'Institut Pasteur. » Alphonse Allais, *Œuvres anthumes*, tome 1.

I

Tout commence vers la fin du mois de juillet 1934. Je viens d'avoir six ans : le pathétique entre dans ma vie. L'enfant n'attend pas l'âge de raison pour déraisonner.

Quelques jours auparavant, juché sur les épaules de mon oncle, j'ai assisté à une émeute. Échappé, serait plus exact. C'était à Cannes. Pour une fois, un flot de phrases vides dissimulant l'absence de cœur et d'idée, le chômage, la disette, l'attrait de doctrines antagonistes et aussi vaines les unes que les autres, quelques utopies vêtues de neuf, la volupté du désordre pour le désordre, les comités de vigilance des bons sentiments, une insurrection de nostalgiques des bandes molletières et des prérogatives de la passementerie n'avaient pas servi de détonateur à l'affrontement. Un champion cycliste en était la cause. Son nom ? René Vietto.

Il était né le 17 février 1914 dans une localité voisine – Rocheville-le-Cannet. Il disputait son premier Tour de France. « Grimpeur ailé », il dépassait les phénomènes de la montagne sur lesquels les chroniqueurs s'extasiaient depuis des années. On se gobergeait d'épithètes. On les montait en neige afin de mieux évoquer les sommets où caracolait le prodige. Le lyrisme s'affranchissait des bornes pour célébrer le panache de ce gamin de vingt ans qui allait devenir « le Roi René ». Le protecteur des arts et des sciences, le duc d'Anjou et comte de Provence, le monarque de Naples et de Sicile, l'auteur du *Traité de la forme et devis comme on fait les tournois,* l'enlumineur des *Heures,* René Ier avait un descendant pour le moins inattendu.

Déjà, Vietto, après un départ catastrophique du côté des pavés du Nord, avait fait vibrer la France sportive. Plus d'un qui n'avait jamais posé fessier sur une selle (de course), pédalait par petit Cannois interposé. Le propre de notre époque est de permettre à qui ne quitte pas ses pantoufles de s'incarner dans des héros. Du fond d'un lit ou d'un fauteuil de cinéma, on collectionne des prouesses vécues par d'autres : imagination et complaisance envers soi-même ont leur martingale. Avec Vietto, on s'était envolé dans les cols du Galibier, du Télégraphe et classé premier à Grenoble. Avec lui encore, on avait escaladé Vars, Allos et franchi en vainqueur la ligne d'arrivée de la 9e étape Gap-Digne.

Mains posées sur les « cocottes » des freins, « les jambes tombant droites, sans aucune oscillation du buste », Vietto conjuguait manière et efficacité. Il avait un Maître, Alfredo Binda, de qui il disait et de qui il continuait à dire malgré les avènements de Bartali, Coppi, Anquetil, Merckx : « C'est le plus grand de tous les temps. Un styliste incomparable. Il pouvait partir dans une course avec un bol de lait sur le dos. Quand il arrivait : le bol était encore plein. Aucun déhanchement. Nulle contorsion. Il ne faisait qu'un avec sa machine. L'élégance. La pureté. Un artiste. La beauté en action sur un vélo [1]. » Ce Maître, il le copiait. Il s'y exerçait.

Or donc, ce jour-là, à Cannes, les coureurs doivent arriver sur la Croisette après une incursion dans ce que les initiés appellent « la Boucle de Sospel ». Le circuit serpente autour de montagnes qui surplombent la mer et de vallées où l'eau est rare. Le soleil y rebuterait des escadrons de spahis et de chasseurs d'Afrique. Cols de Nice, de Braus, de Castillon et la Turbie se succèdent. Vietto y vole. Sur cette route de ses premiers triomphes (à 17 ans, déjà, il inscrivait la « Boucle » à son palmarès), il fonce sans se préoccuper des autres ; il perfectionne une tac-

1. Alfredo Binda fut le seul champion payé pour ne pas participer à une compétition. Dans son pays, sa supériorité était si écrasante qu'il enlevait tout intérêt aux épreuves dès qu'il s'y engageait. « La glorieuse incertitude du sport » n'avait plus cours. En 1930, afin de l'éloigner du Tour d'Italie, on lui régla par avance le montant du premier prix de chaque étape, du classement général final, plus des primes supposées. Il resta chez lui.

tique à laquelle il demeurera fidèle tant que ses muscles, son coeur et ses poumons l'y autoriseront : la course en tête. Bravoure et brio sont synonymes de son nom.

Là-bas, sur la Croisette, téléphone arabe, télégraphie sans fil, émissaires et patrouilleurs d'avant-garde commencent à propager la nouvelle : une fois de plus l'enfant du pays s'est joué des obstacles, de ses opposants et de ses équipiers ; irrésistible, il tutoie la victoire.

Tout le département et quelques autres, limitrophes, semblent s'être donné rendez-vous à l'ombre maigre des palmiers. La foule rassemblée est celle qui préside aux événements d'exception. La popularité et le chauvinisme échauffent les esprits.

Sur les épaules de mon oncle, je m'improvise vigie, guettant l'apparition de l'idole. Non sans péril : à chaque remous, flux, reflux, provoqués par une fausse information, j'oscille sur mon perchoir. Pour cause d'attente fébrile, d'électricité dans l'air et d'enthousiasme, l'équilibre devient instable ; le polygone de sustentation en prend un sacré coup.

Soudain à la rumeur succède le tumulte. Bientôt, des cris jaillis de mille et mille gosiers balayent en moi toute sensation autre que la peur. De mémoire de mouette et de pigeon, on n'a entendu telles clameurs et stridences ; de mémoire de gosse, non plus. Vietto débouche à l'autre bout de la Croisette. Superbe et ruisselant, l'œil noir, le cheveu dru, il arrive en solitaire, du moins je me le rémémore ainsi. C'est René-le-magnifique, René-le-téméraire. L'adage se vérifie : la fortune sourit à qui use d'audace.

C'est le déchaînement.

Le fanatisme ne connaît plus de frein. Tous veulent approcher et toucher le héros, comme on court sur les lieux du miracle. Les barrières sont enfoncées, pulvérisées. Vietto, cerné, empoigné par des frénétiques, craint davantage pour sa vie qu'en dévalant à tombeau ouvert les cols. Qui s'oppose au déferlement est roué de coups, piétiné. On doit de toute urgence délivrer le champion : les manifestations de tendresse et d'admiration virent au lynchage.

Le service d'ordre, un long moment débordé, se ressaisit, c'est-à-dire qu'il frappe de façon désordonnée sur tout ce qui est à portée de matraque. Des journalistes sont blessés. Des policiers. Des exaltés. Des délirants. Vietto parvient à se réfugier auprès de ses parents. Mon oncle perd pied tandis que je l'éperonne pour fuir le champ de bataille. Le flot nous emporte.

Plus tard, dans le train qui nous ramène à Nice où nous habitons, mon oncle essaye d'évoquer seulement l'exploit du « régional de l'étape » paré, à vingt ans, du maillot de l'équipe de France. Il revendique des extases afin d'oublier sa chemise déchirée, les lanières arrachées de ses sandales, la bosse qui gonfle le côté droit de son front. Il ruse un peu : il tente d'effacer la peur qui sans doute se lit encore sur mon visage. De l'événement Vietto surgissant dans sa ville natale ne subsiste que cette peur. Enrôlé dans une foule qui a confondu exubérance et échauffourée, je me dis qu'on ne m'y reprendra plus. Il en va de certaines promesses comme du tabac quand je jure d'y renoncer.[1]

La bataille rangée de Cannes est encore dans les esprits quand arrive le troisième tiers du mois de juillet 1934. C'est de cette époque que date mon estime pour René Vietto et, à partir de celle-ci, ma passion pour le vélo[2] et le sport cycliste. Au fil des ans, elle ne s'émoussera pas ; elle s'aiguisera. Par l'entremise des chroniqueurs sportifs, je pénétrerai un univers qui est un moment de ce siècle, un monde qui prolonge et perpétue la tragédie antique.

Les admirations d'enfance hypothèquent (ou déterminent) l'avenir. Des liaisons obscures se nouent et se renforcent. Elles naissent de narrations, de métaphores, de prestiges, d'images fugitives ou fixées par la pellicule que la mémoire embellit et dramatise. L'épopée devient affaire de tous. Elle se glisse dans les chaumières.

---

1. Depuis j'ai remporté sur Jean Nicot une victoire qui fait toujours « la une » de mon palmarès intime.

2. « Il est vrai que l'étrange animal m'a conquis (...) et que je ne dévélocipède plus. » Jean Richepin.

On a vu Vietto triomphant et molesté (par un trop-plein de vénération et d'affection) sur la Croisette. Dans les Pyrénées, il allait s'ouvrir toutes grandes les portes de l'histoire. Il bouleversait comme d'autres exaspèrent : le sacrifice était sa nature profonde. Savait-il que de son vivant il édifiait sa statue ? Il courait au romanesque et à l'héroïsme comme on va au spectacle parce qu'on l'a décidé et que cela coule de source. Homme des grands espaces, car la France offre dans sa complexion les reliefs les plus abrupts ou les surfaces les plus planes (que le vent balaie) à qui choisit de s'intégrer aux migrations multicolores des pelotons, il agissait en preux chevalier et non en calculateur étriqué.

Quarante-deux ans après, il dit, minimisant son attitude de ces jours-là : « On ne cesse de me ressasser cette aventure de 1934. On m'en parle plus que si j'avais été à Verdun. On a fait de moi un martyr. Je n'ai fait que mon devoir. Comme une mère donne à téter à son enfant ! » Qu'on en juge !

Quinzième étape du Tour de France : Perpignan-Ax-les-Thermes. « Leader » de l'équipe de France, Antonin Magne porte aussi le maillot jaune. Il est talonné par un Italien, Giuseppe Martano, qui, à l'inverse d'Alfredo Binda, est brutal, heurté, rageur, torturé dans son style. L'efficacité ne se pare pas toujours d'une enveloppe d'élégance. René Vietto passe en tête au sommet du col de Puymorens. Ce n'est pas le début d'une grande chevauchée solitaire. Simplement le désir de devancer de quelques secondes ses rivaux immédiats pour un classement intermédiaire : celui du « Meilleur Grimpeur ». Dans la descente, Antonin Magne tombe et casse sa roue avant. Alors Vietto s'arrête, desserre ses « papillons », et, dans un élan que la postérité a chanté, il offre sa roue à son chef de file. Des sanglots dans la voix, il a le temps de lancer : « Vas-y Tonin ! » Puis il reste au bord de la route, mâchonnant un citron, les yeux rouges, l'invective aux lèvres, tantôt assis sur un talus, tantôt tenant son vélo par le guidon, attendant qu'on le dépanne. Il était 4e au classement général. Il venait de sauver un maillot jaune qu'il aurait, entre tous les coureurs, mérité. La nuit venue, de Dunkerque à Menton, de Bayonne à Strasbourg, on ne parla que de ce renoncement volontaire. Le désespoir de l'enfant-champion était celui de la France sportive. Il accédait à une popularité que seul Georges Carpentier avait connue.

Mais l'histoire aime à se répéter... Elle bégaie.

Le lendemain, 16e étape. Ax-les-Thermes-Luchon. Second acte de la tragédie.

Au faîte du Portet-d'Aspet, René Vietto est à 1′ 25″ de l'Italien Vignoli. Acrobate et orfèvre du risque, nul doute qu'il va le rejoindre dans la descente et enrichir son palmarès d'une victoire d'étape. Mais Vietto ne veut pas jouer sa carte. Il est un équipier modèle. Il tient au maillot jaune d'Antonin Magne comme s'il le portait lui-même. Il descend prudemment. Maintenant, c'est le col des Ares. Vietto commence à l'escalader. Soudain il comprend que Magne est en difficulté. Au vrai, celui-ci a des ennuis mécaniques. Sa chaîne est cassée. Elle a tordu les rayons de sa roue arrière. Que fait Vietto ? Sans hésiter, habité par l'esprit de sacrifice le plus démesuré, galérien d'une certaine morale, l'honneur opiniâtre, il rebrousse chemin ! Et Antonin Magne, anéanti au bord de la route, pétrifié par la malchance, voit une nouvelle fois apparaître son sauveur au moment où tout semblait perdu. Celui-ci, sans une plainte, lui donne sa bicyclette. Confronté à tant d'abnégation, Magne-le-taciturne, Magne-le-valeureux, Magne-le-dur-à-cuire pleure. Il s'éloigne, fonçant à la poursuite de Martano qui menace sa « Toison d'or ». Vietto, lui, guette le camion de dépannage. Le soir, il est 6e au classement général. Roi des grimpeurs, il a perdu deux places sur son terrain de prédilection : la montagne.

L'enfant de Rocheville-le-Cannet entrait dans la légende, même si parfois il la supportait mal : « Cette roue, je ne l'ai pas donnée. On me l'a prise ! C'était un hold-up, j'aurais dû porter plainte ! [1] » On imputait cet aveu (ou cette bou-

1. Cité par Pierre Chany dans *La fabuleuse histoire du cyclisme*, 1 051 pages, Éditions O.D.I.L., préface d'Antoine Blondin. Vietto me racontera aussi plus tard que montant le col des Ares au ralenti pour attendre Antonin Magne, il fut rattrapé par l'Alle-

tade) à son goût de la provocation ou de l'antiphrase, à sa volonté de brouiller les pistes. Ne donne pas des munitions à ses détracteurs qui veut. On ne retouche pas une légende. On n'efface pas ce que la croyance populaire y grave. La noblesse d'une attitude ne peut se transformer à volonté en gesticulations de fantoches. La grandeur s'accommode mal de rectification, même si le héros veut quitter son piédestal.

La renommée a longtemps poursuivi Vietto. L'excédait-elle ? S'en nourrissait-il ? Le dédommageait-elle de ses désillusions ? Qui saurait le démêler ? Car le Roi René, bougon, cabochard, fermé comme une huître, déconcertant, pince-sans-rire, imprévisible, « têtu comme un mulet » disait jadis son père, parfois personnage de Pagnol lorsque la drôlerie était présente, d'autres fois à tu et à toi avec un univers de catastrophe qu'il portait en lui (« Les gens de soleil aiment détruire », écrit Giono à propos du siège de Marseille), le Roi René était une énigme à plus d'un... et sans doute à lui-même.

---

mand Geyer qui lui lança : « Magne kaput ! ». Il comprenait le mot car son père, Jean, avait été prisonnier pendant la guerre 14-18 et baragouinait un peu l'allemand. Vietto crut Magne mort et rebroussa chemin, fou d'inquiétude.

La première fois que je le rencontrai (c'était en 1973), ce fut pour le convier à une émission de télévision [1]. À Paris, on m'avait dit : « Invitez le champion que vous désirez. » Un seul nom jaillit de ma bouche : « Vietto ! » Je pris l'avion pour la Côte à sa recherche : c'était mon temps perdu, mon enfance. Je le retrouvai dans un entrepôt de cycles, à Nice, où il travaillait. Ses traits de jeunesse se détachaient de son visage vieilli. Ses cheveux en brosse avaient blanchi. Son corps était voûté. Il avait de grosses mains comme les coureurs cyclistes en ont souvent. (Est-ce signe de talent chez eux ?) Je m'approchai, me présentai, raclant ma gorge. (On ne parle pas sans trac à un monument.) Le monument me toisa. Il avait sa mine des mauvais jours, et ceux qui font des pèlerinages (par la pensée) dans les Tours de France du passé la connaissent. Quel était cet importun ?

– Monsieur Vietto, accepteriez-vous de venir avec moi à la télévision ? (Ma voix était mal assurée. Ma femme, qui m'accompagnait, devait s'en étonner, elle qui me sait courtois mais peu impressionnable. Quelle étrange alchimie me paralysait ? À coup sûr, celle que manigancent les souvenirs.)

La réplique ne se fit pas attendre. Chacun des mots firent une encoche à ma mémoire.

– Moi, Monsieur, je suis suicidaire depuis

1. *Sports en fête* de Michel Drucker et Rémy Grumbach.

l'âge de sept ans... La télé, je m'en fous... Toutes ces balivernes ne m'intéressent pas.

Silence. Je devinai mon interlocuteur : il était de ceux pour qui le mutisme est un allié. J'entendais les sourcils accentuer leur interrogation. Déjà, je songeai à puiser dans les archives cinématographiques et à raconter celui qui se refusait à paraître : ne connaissais-je pas sa vie par cœur ? Sa naissance, la captivité de son père qui se prolonge cinquante mois pendant la guerre de 14-18, son premier emploi comme chasseur à l'hôtel Majestic, ses premières compétitions en 1931, jusqu'au dernier Tour de France en 1948, je savais tout sur lui. N'importe, l'émission aurait quand même lieu, mais sans sa présence... Et il y eut le retournement. Comment se produisit-il ? Était-il dû à mon allure déconfite ? Aux volte-face d'un être qui sait, d'une façon innée, l'art du théâtre ? À mon silence qu'il prit pour du renoncement ? Non. Sans doute à cette phrase que j'offrais à sa cervelle ombrageuse parce que, Méditerranéen aussi, je sais que l'insistance n'est pas toujours l'argument le plus convaincant chez mes frères sudistes.

– Tant pis, monsieur Vietto, fis-je. Nous projetterons films et photos. Je commenterai les images. Inutile de vous déranger.

Alors il leva la tête, me fixa et avec une lenteur réglée par l'ascendance, les siècles, le rituel, il objecta : « Mais j'ai pas dit ça ! »

Ainsi il acceptait. Oui, il accepta « d'être immense et d'être vu ».

Ce jour-là, à la télévision, les standards téléphoniques furent saturés d'appels. Tous voulaient réentendre l'odyssée de 1934 mais aussi le drame de 1947 quand le Roi René, dans l'étape Vannes-Saint-Brieuc, contre la montre, à trois jours de l'apothéose du Parc des Princes, perdit un Tour de France qu'il devait gagner : SON Tour de France.

Rappelez-vous, souverain et malicieux, Vietto disait :

« Antonin Magne ?... Si je ne lui avais pas donné ma roue, il y serait encore aujourd'hui dans le Puymorens.

« À cette époque, je montais si vite les cols que je freinais pour prendre les virages.

« J'ai toujours aimé me faire opérer. Quand le chirurgien m'enlevait quelque chose, je me disais : tu seras plus léger sur le vélo. Tu grimperas mieux.

« Des coureurs ? Il n'y en a plus d'aussi vigoureux qu'avant. Vous rappelez-vous le Savoyard Brambilla ? Quand il était mécontent de lui, il jetait ses bidons pour se priver de boisson. Le soir, il plaçait le vélo dans son lit et dormait sur la carpette pour se punir. Une fois, il n'a pas réussi à démonter son pédalier. Il a pris sa pioche, il a fait un trou et il a enterré son vélo. Il y est toujours. »

« Un Vietto n'abandonnait pas... Il se retirait... »

La galéjade côtoyait la majesté.

Pour les jeunes générations, un palmarès impersonnel prenait vie. Vietto n'était plus seulement un nom que l'on découvre dans les livres. C'était un être vivant, fidèle à un style. Ostentatoire, et pourtant naturel, il incarnait sa légende.

Dans l'avion qui nous ramenait à Nice, l'éternel insatisfait semblait ne pas renier la représentation qu'il venait de donner. (« Tu as été extraordinaire », lui écrivit plus tard André Leducq qui gagna deux fois le Tour de France en 1930 et 1932, « tu devrais faire du cinéma. ») À l'aéroport, alors que nous nous quittions, il me dit :

– Petit... à partir d'aujourd'hui, demande-moi tout ce que tu veux.

« Petit »...

Je venais d'avoir quarante-cinq ans....

Trente-neuf années s'étaient écoulées depuis cet après-midi, à Cannes, où, à califourchon sur les épaules de mon oncle, parmi une foule en délire, j'attendais le phénomène Vietto.

II

– Fasciné par un tel exemple, que voulez-vous qu'il fît ?

– Qu'il l'imitât.

Ce ne fut pas facile de posséder une bicyclette. Le luxe hésite à frapper à toutes les portes. Je me consolais de ce manque grâce à la course à pied. Je foulais la cendrée de Ladoumègue et Séra Martin alors que je rêvais de paysages escarpés et de routes où seuls m'accompagneraient le frôlement des pneus sur l'asphalte et cette petite musique que serine une roue libre : elle enchante les mélomanes vélocipédiques.

Pour me donner le change, dans les compétitions pédestres qui m'opposaient aux autres garnements de l'école, j'exigeais que l'on m'appelât Vietto. Je mettais un point d'honneur à représenter dignement ce nom. Je stimulais mon imagination afin de réconcilier désir et réalité. Il existe des joies de remplacement. L'homme s'y réfugie tôt.

Mon obsession me suivait jusque dans les courses de billes. Sur des sinueux circuits tracés à la craie ou autour des troncs d'arbres, la bille que mes doigts propulsaient défendait les couleurs du Roi René.

Petit à petit, j'en vins à me considérer comme souffre-douleur de l'existence puisque l'objet que je désirais par-dessus tout se dérobait obstinément. Les bonnes notes aux compositions ne suffisaient pas à gonfler le portefeuille familial ; gonflement qui aurait autorisé la folle dépense.

Par chance, des songes heureux embellissaient mes nuits. Un vélo Hélyett (la marque de Vietto) m'attendait à la porte. Je l'enfourchais. Musette au dos, je partais pour de longues randonnées ou plus exactement pour de sévères séances d'entraînement. En roulant, je mangeais des gâteaux de riz préparés par ma mère, grignotais des morceaux de sucre, buvais du thé léger. Je ne m'octroyais nulle pause. Je suivais les conseils du directeur de l'équipe Hélyett, André Trialoux. Je gravissais des côtes, surpassant la performance réussie la fois précédente. Je perfectionnais « la vitesse de jambe », la souplesse, en actionnant de petits développements. Je restais de longues heures en selle. Rien ne pouvait me détourner du parcours prévu : ni la pluie, ni le mistral, ni « l'homme au marteau [1] ». Des repères jalonnaient ma route : je pouvais y constater mes progrès ou d'éventuels retards. Je « pédalais dans l'huile », « chatouillais les pédales ».

Las, le matin, le lit saccagé par de telles performances, j'ouvrais les yeux sur un cauchemar. Aucun vélo à cajoler ne m'attendait. J'ignorais encore qu'il n'y a pas de différence entre des rêves réalisés et ceux que l'on pourchasse vainement : le goût âcre de l'inutilité de tout n'avait pas imbibé mon palais. J'avais hâte de retrouver mes fantasmagories de la nuit, les songes utilisés tels des boucliers contre la terrible évidence : pas de pognon pour acheter cette vénérée bicyclette qui m'aurait permis de rouler sur les traces de l'Exemple.

Je lisais alors la page sportive du *Petit Niçois* et, quand mes fonds de poche me l'autorisaient, *L'Auto* : c'étaient des voyages organisés dans un monde de gloire, de courage et de souffrance.

Dans des cahiers, je recensais les noms de porte-drapeau du succès et ceux de coureurs aussi méritants mais moins doués ou plus

1. Formule de l'ancien jargon cycliste servant à exprimer l'idée de défaillance. Des dessins de Pellos l'illustrèrent.

malchanceux. J'y répertoriais les classements des diverses courses. J'en inventais de fictifs afin de récompenser des champions qu'une crevaison (ou un ennui mécanique) avait frustrés d'une victoire ou d'une place d'honneur. J'avoue que le chauvinisme (voire le régionalisme) intervenait dans ces classements.

Au marché aux puces, sur les quais du torrent (le Paillon) qui traverse Nice, j'avais trouvé, dans deux ou trois boutiques, des mines à plaisirs, des usines à rêves : c'était de vieilles collections du *Miroir des Sports* ou de *Match*. Quelques sous économisés, et je me précipitais pour y acquérir ces hebdomadaires où l'on racontait les exploits des « forçats de la route », selon le mot d'Albert Londres qui – en 1924 – indigna et fit pleurer la France en comparant le calvaire des coureurs cyclistes à celui des bagnards de Cayenne.

Des amis s'étonnent aujourd'hui de voir que je n'ignore rien d'un Paris-Roubaix 1921, d'un Bordeaux-Paris 1924, d'un Milan-San Remo 1925, d'un Tour des Flandres de ces années-là ou des Tours de France et d'Italie qui remontent à la préhistoire de la bicyclette. « Tu n'étais pas né » disent-ils. Il y a tant de faits historiques que l'on connaît alors que nous ne sommes contemporains ni de Jules César, ni de Louis XIV ou de Napoléon... C'est que je lisais davantage les articles et les palmarès consacrés aux as du vélo que les livres de classe. À force de ronronner à la lecture de certains noms originaires de divers pays, à force de suivre les détails des itinéraires, j'apprenais 1a géographie. Quant aux comptes rendus des courses, l'émulation me poussait à en écrire d'imaginaires. (J'y gagnais l'habitude de rédiger et, par corrélation, des premiers prix en « composition française ».)

Cahiers et vieux journaux (jaune, bleu, rose, vert, bistre) ont disparu dans la précipitation (pour ne pas dire la déroute) de plusieurs déménagements. Si ma nature m'inclinait à avoir l'œil collé au rétroviseur, je regretterais ces bric-à-brac où des fantasmes de bon aloi bavardaient avec des faits réels. Mais mon respect du passé ne m'empêche pas de me dire, le matin, en me levant, la tête enfiévrée de projets : « Quand je serai grand ! Qu'est-ce que je vais faire ! »

J'ai conservé de ces années-là le goût de la solitude (à moins qu'il ne me soit naturel), la possibilité de prendre la clef des champs à volonté et une incapacité à souffrir de l'ennui : la naïveté est de bon secours. Naguère, dans ce laboratoire qu'était ma chambre, je suivais à la trace l'histoire et les petites histoires des successeurs du « véloceman » James Moore qui, le 7 novembre 1869, en tenue de jockey, remporta le premier Paris-Rouen (123 km en 10 h 40' – une dame, frêle et blonde, Miss America, arriva aussi à bon port). À présent, si d'autres livres m'attirent, il y a toujours festin sous roche quand je feuillette des palmarès, des albums de photos ou que je lis des reportages sur une course, qui s'est déroulée la veille. De toute façon, impossible de bâiller en marmonnant l'atroce interrogation : « Comment vais-je tuer le temps ? » Je fais partie de ceux pour qui les vingt-quatre heures d'une journée sont insuffisantes, rognerait-on jusqu'à l'imprudence sur les heures de sommeil. Il n'est pas question de vanter ici ce besoin d'exiger sans relâche des allocations de temps « pour pouvoir tout faire ». L'ennui n'est pas une calamité. Il est même préférable (si l'on s'en accoutume) à cette fébrilité qui incite certains à survoler les choses plutôt qu'à tenter de les approfondir ou à se précipiter vers le premier dérivatif venu afin d'échapper à la hantise du désoeuvrement. Mieux vaut bayer aux corneilles, plier des cocottes en papier ou faire des petits bateaux que se jeter dans des batailles qui nuisent à la quiétude des braves gens. Sous prétexte de les aider, on les perturbe : la perturbation étant un moindre mal dans ces luttes où l'on prétend résoudre des problèmes en ignorant leurs données. Il eût été souhaitable que les sanguinaires qui ont traversé l'histoire eussent apprivoisé leur ennui au lieu de se déterminer et de se consacrer à leurs sinistres occupations.

Jeter l'ancre équivaut donc toujours pour moi à larguer les amarres. Je fouille du regard le sépia des photographies, je relis pour la centième fois les tragédies de Christophe (surnommé « le Vieux Gaulois ») qui, en 1913 à Sainte-Marie-de-Campan et en 1919 dans les faubourgs de Valenciennes, répara la fourche brisée de son vélo, seul, à la forge (le règlement inhumain interdisant qu'on l'aidât) alors qu'il pouvait gagner chaque fois le Tour de France, et je chausse les bottes (ou, plus précisément, les souliers cyclistes) de l'aventure.

Ces permissions de détente me sont salutaires. Elles me lavent des obsessions majeures. À qui la vie, telle qu'elle se passe, convient mal, à qui « a soif d'absolu » (pour céder à une formule paresseuse et usée jusqu'à la corde), les prothèses sont indispensables. Parmi les appareils orthopédiques dont j'ai besoin, le vélo et sa chanson de geste ne sont pas les moins employés. Cela m'évite (pas toujours, hélas ; mais je ne désespère pas d'aboutir au silence) de crier à tue-tête des propos qui me semblent essentiels et valent peut-être les discours fumeux et stupides que j'entends et tiens pour tels. Quoi qu'il en soit : la marotte est inoffensive.

J'entends d'ici les fervents des mises en garde dire du sport qu'il est aussi « un opium du peuple ». Je n'en disconviens pas, encore qu'il faille considérer les dosages [1]. Comme j'ai passé le cap où je voulais imposer mes idées

1. Il n'est qu'à voir l'importance donnée au sport dans les

aux autres[1] et pinailler sur des élucubrations, je laisse mes objecteurs à leurs mises en garde. Qu'ils m'accordent les rêveries d'une enfance préservée.

---

pays totalitaires. À signaler aussi qu'en 1947 le Tour de France faillit ne pas avoir lieu en raison de la pénurie d'essence. Paul Ramadier prit alors la parole à la Chambre des députés pour déclarer : « Faites des restrictions d'essence sur ce que vous voudrez sauf pour le Tour de France. C'est le moyen d'être tranquille une fois dans l'année. » Écoutons aussi Alphonse Boudard : « La passion du Tour de France, c'est presque aussi mystérieux que la Sainte Trinité du Catéchisme. Ça participe de la magie, de la cérémonie, du rite. » Et Aragon : « Je n'ai pas perdu cet attrait de mon enfance pour ce grand rite tous les ans renouvelé. » Et Jean d'Ormesson : « ... nous rêvions de grandes foules, de triomphes populaires, d'arrivées, le soir, dans les vieilles villes en liesse. Beaucoup plus que Deschanel, que Fallières, que Lebrun, Petit-Breton et Antonin Magne étaient les successeurs de Saint Louis et d'Henri IV puisqu'ils soulevaient le peuple et que le peuple les aimait. » Et Henri Troyat : « C'est d'affection que j'aime le Tour de France. Une affection durable et attendrie. » Et Pierre Mac Orlan qui écrivait en 1936 : « Pendant un mois, tout autour de la France (...) des hommes à jambes longues et harmonieuses, montés sur des machines dont la fragilité est surprenante, vont porter de ville en ville un spectacle émouvant et sain, un spectacle d'une qualité si exactement conforme au désir des masses (...), qu'il offre l'apparence d'une manifestation sociale d'une puissance à peu près irrésistible. »

1. C'est difficile. Quand un cap est doublé, un autre pointe son nez à l'horizon. Il y si souvent un doctrinaire de bistrot ou de cercles plus à la mode, qui, en nous, ne dort que d'un oeil.

III

Les années passaient, et aucun vélo ne montrait le bout d'une roue. J'étais comme ces « spécialistes » du monde ouvrier qui n'ont jamais pointé à l'usine : ils enseignent aux travailleurs ce qu'ils doivent penser, les pôvres-n'est-ce-pas-n'ayant-pas-de-matière-grise. Je savais tout sur le sport cycliste; mais hormis quelques tours de pâté de maisons sur des bicyclettes prêtées par des copains, je n'avais pas d'expérience : j'apprenais dans les livres, non sur le tas. Je coulais à pic. Le ressentiment le disputait au désespoir.

Il y avait à Nice, dans le quartier où j'habitais, un jardin où nous jouions. J'y faisais toujours de la course à pied tandis que des privilégiés se livraient à des sprints à bicyclette.

Un jour que je m'y trouvais avec ma mère, un des habitués de ces rassemblements du jeudi arriva sur un vélo flambant neuf. La semaine précédente, il chevauchait un « clou » qui grinçait tel un lit de château hanté et ressemblait à un vélo de course comme un tacot à une Bugatti. Quel héritage avait-il fait ? Quel cambriolage ?

On se pressait autour du chef-d'œuvre.

– Je vends mon ancienne bécane, annonça-t-il, méprisant, oublieux de toutes les joies qu'elle avait pu lui apporter.

Le « clou » me parut soudain aussi léger qu'une aile de papillon, aussi pimpant qu'un « article » exposé en vitrine, aussi silencieux qu'un chat et, disons-le, aussi parfait qu'un Hélyett.

Je courus vers ma mère et lui appris la retentissante nouvelle : un copain vendait son vélo ! Une affaire ! Prévoyant d'éventuelles et futures négociations, j'ajoutais que c'était « pour une bouchée de pain ».

Ma mère demeura de glace. (Elle devait compter combien le prix d'une bicyclette représentait de bouchées de pain.) Sur le moment, je lui en voulus. J'oubliai qu'elle eût été si heureuse de dire « oui »... « oui » au plus rutilant des engins dans le plus huppé des magasins... Je piquai alors une colère que l'on qualifierait d'historique si les petites gens participaient à l'Histoire. Avant d'enchaîner un cri à un hurlement et des pleurs à d'autres pleurs, je suspendis mon souffle, écarquillai un œil, afin de constater l'effet produit. « On donne facilement un morceau de plus à un chien méchant », affirment ceux qui savent. Je me montrai méchant. Quelques claques ne firent qu'attiser ma détermination. Que l'on s'attroupât près du banc que nous occupions ne me gênait pas.

Le soir, épuisé d'avoir trop pleuré et crié, je changeai de tactique. J'abandonnai la défroque du loup pour me costumer en agneau. Était-ce bien utile ?... Vietto, dès l'âge de neuf ans, en rentrant de l'école, effectuait, sur une vieille bécane, des livraisons pour sa mère : elle tenait une boulangerie-épicerie. À chaque course, il recevait des « pourboires » qu'il amassait. À douze ans, aidé par son père, il put enfin commander à Paris la bicyclette de ses rêves. Une carrière s'ébauchait. Mais, moi, comment allais-je pouvoir m'acheter un vélo puisque ma mère n'avait aucune livraison à faire ?

Le lendemain, une conversation avec mon oncle devait décider précipitamment de la folle dépense. Le prix du vélo avait été fixé à 25 francs. Ma mère en disposait de 15 ; mon oncle verserait le reste. Le jeudi suivant, je prenais possession du trésor. Il y avait une éternité que je l'attendais. J'avais onze ans. Les années de l'enfance paraissent longues au moment où on les vit...

Astiqué, graissé, choyé, attifé[1] (chatterton neuf enrobant le guidon de course ; du chatterton rouge, en harmonie avec le rouge qui subsistait de la peinture écaillée du cadre), les pneus gonflés prêts à toute sollicitation, l'objet de tant de convoitise attendait non seulement les heures de sortie de l'école, les jours de vacances, mais encore que ma mère me permît de quitter les trottoirs battus du quartier. La prudence, comme Janus, a deux visages. L'un représente une jeune fille, l'autre un vieillard. Ma mère y ajoutait le sien veillant sur sa progéniture.

Il me fallut ruser pour obtenir l'autorisation de m'essayer sur la grand-route comme un géant. Ruser et désobéir. L'innocence que l'on simule dupe-t-elle vraiment ceux que l'on veut

---

1. Il n'y a pas que les apprentis champions qui bichonnent leur... « vaillant coursier ». Trente ans après, à la lecture d'une correspondance, j'appris que Henry Miller et son ami Perlès, fervents amateurs de bicyclette, soignaient avec amour « leurs montures » avant de les enfourcher pour des promenades. La « petite reine », comme on le verra en lisant ces pages, a su séduire des écrivains. Et des peintres.

Gustave Courbet en fut le précurseur. Il mit, si l'on peut dire, la main à la pâte. Chevauchant un monocycle de son invention, il embouteilla les Champs-Elysées. La police lui interdit d'utiliser à l'avenir son engin.

Maurice de Vlaminck fut lui-même coureur cycliste. Gen Paul, grand amateur de vélo, eut une jambe amputée à la suite d'une blessure durant la guerre 1914-1918. Toute sa vie, il conserva la passion de la bicyclette. En 1930, André Leducq lui offrit celle qui lui permit de gagner son premier Tour de France. Cette bicyclette ne quitta jamais l'atelier du peintre. Accrochée à un mur, elle fut le modèle de plusieurs croquis.

tromper ? Ils sont si nombreux les jours où chacun donne le change à l'autre ne serait-ce que pour lire de la joie sur un visage...

Le vélo dormait dans ma chambre [1]. La nuit, je m'éveillais, allumais la lampe de chevet : la merveille était là. Le silence l'ennoblissait encore. (En nos jours plus exigeants, quand j'y songe, ce vélo divinisé n'aurait qu'une seule destination : la voirie.) Déjà très doué pour ne pas croire au bonheur, attendant qu'une mauvaise nouvelle vienne m'affliger et annuler le moment d'euphorie, je répétais plusieurs fois

1. Le comédien Le Vigan plaçait aussi son vélo dans sa chambre. Souvent, il le couchait dans son lit. Au théâtre, quand il jouait, il le montait dans sa loge ou le confiait (cadenassé) au concierge si la loge était trop exiguë. À l'entracte, il allait le contempler et tapoter la selle. Son épouse était lasse de ces soins attentifs, lesquels témoignaient d'une passion. Elle se sentait évincée... Son ami, Céline, lui, le comprenait ; Céline qui aimait à rouler surtout du côté de Saint-Malo, de Cancale... Et pas sur n'importe quelle bicyclette !... Une fine, élégante... des concours de grâces... Un vélo à ce point léger qu'il avançait presque sans lui... qu'il frémissait de l'envie qu'il l'enfourche... Marque Imponder. À quarante-trois ans, il en faisait... il rendait jaloux son copain le peintre qui ne pouvait plus rouler... enfin... Ferdinand le prétendait... Pour lui « le cycle était la panacée »...

Dans son *Alfred Jarry*, Arnaud raconte : « Marguerite Moréno accompagne Marcel Schwob chez Jarry. (...) Une bicyclette est appuyée au chevet du lit ; Marguerite Moréno et Marcel Schwob regardent l'engin. "Ceci, c'est pour faire le tour de ma chambre", explique Jarry. Et, conclut Marguerite Moréno, pour nous prouver que c'était vrai, il le fit. » (Il est vrai que Jarry aimait le *Voyage autour de ma chambre* de Xavier de Maistre.)

le manège. Quand je me rendormais, la tête remplie de clameurs, de prouesses ou de ridicules, je me baladais entre le hâbleur et l'incapable. Je vivais dans l'espérance et la crainte de la première « sortie » avec des copains.

Elle vint cette « sortie » tant souhaitée : un jeudi, comme cela se devait, le dimanche étant consacré à la famille.

Nous avions décidé d'un parcours qui emprunterait la vallée du Paillon jusqu'à la Trinité-Victor. Là, on bifurquerait sur la droite pour grimper la côte de Notre-Dame de Laghet puis celle qui enchaîne et mène à la Turbie. De La Turbie (et son trophée d'Auguste), après une brève montée et un « faux-plat », ce serait la descente abrupte sur Nice. En tout, près de trente kilomètres. Mais quelle dénivellation ! Une expédition.

Chaque garçon avait un état civil supplémentaire. Si je demeurais fidèle à René Vietto, l'un s'était baptisé Georges Speicher, l'autre Roger Lapébie, un autre encore Antonin Magne (Tonin-la-Méthode). Un maigrichon, par mimétisme, avait glissé sa carcasse dans celle d'un Breton fluet : Jean-Marie Goasmat, dit « le Farfadet ». Un généreux s'identifiait à Fernand Mithouard car ce coureur était, disait-on, si dévoué, qu'il avait mérité le surnom de « bon Samaritain ». (Une victoire dans Paris-

Saint-Étienne 1939 venait de le « sortir » d'un long oubli.) Un amoureux des cols, pressé de s'y frotter, ne répondait que si on l'appelait Dante Gianello – fameux grimpeur azuréen. À cette époque où l'Italie vivait sous un régime fasciste et où, dans les villes frontières, les antagonismes étaient exacerbés, il était audacieux de braver l'opinion publique en prenant pour modèle un champion transalpin. Un copain n'avait pas hésité à le faire. Il s'aligna dans cette course longtemps préméditée sous le nom de Gino Bartali. À l'instar du « Campionissimo » (dit « le Pieux »), il portait une médaille autour du cou, médaille qu'il baisait avant chaque composition sur les bancs de l'école et qu'il baisera encore au départ de notre compétition après s'être signé. Deux Niçois d'adoption, qui menaient la vie itinérante des garnisons (leurs parents étaient l'un gendarme, l'autre militaire de carrière), avaient opté pour des as belges : Sylvère Maes et Félicien Vervaecke – ce dernier grand malchanceux des Tours de France. Enfin un garçon qui s'estimait trop petit pour son âge (sinon les quolibets le lui auraient rappelé) avait, par bravade (ou solidarité), choisi de représenter Maurice Archambaud que la presse sportive avait baptisé « le Nabot ».

Ainsi les choses ne changeaient pas et ne changeraient pas. Chaque génération a ses champions. Avant-hier, Petit-Breton, René Pottier[1], Trousselier, Faber, Aucouturier ou Lapize (dit « le Frisé ») ; hier, Alavoine, les aînés des Pélissier, Girardengo, Frantz ou Bottechia ; et puis Kubler, Bobet, Ocaña, Kuiper, ou Thévenet ; autant de noms qui rappellent à des adultes (dont certains semblent totalement étrangers au monde du sport) les engouements de leur jeunesse. « Tout ce qui était au présent, alors, s'y trouve au passé. » Mais les reflets qu'ils voient les attendrissent. De l'exil où la mémoire les avait plongées, surnagent soudain ces péripéties qui provoquaient naguère d'interminables conversations où les choix de chacun s'affrontaient. Pourquoi celui-ci préférait Girardengo à Belloni, cet autre Coppi à Bartali[2], cet autre encore l'élégant Charles Pélissier[3] à Rafaele Di Paco, ou Poulidor à Anquetil ? À se remémorer,

1. Pottier fut le premier à vaincre la montagne. C'était en 1906. Afin de commémorer cet exploit qui semblait impossible, on lui éleva une statue au sommet du Ballon d'Alsace.

2. Un écrivain comme Curzio Malaparte participa à la querelle qui scinda l'Italie en deux : d'un côté les fervents de Bartali, de l'autre les adeptes de Coppi. « Bartali appartient à ceux qui acceptent le dogme. Il est un homme métaphysique, protégé par les saintes. Coppi n'a personne au ciel pour s'occuper de lui (...). Il ne pédale pas avec un ange perché sur son épaule droite. Bartali prie en pédalant. Coppi rationaliste, cartésien, sceptique et pétri de doute, ne croit qu'au moteur qu'on lui a confié : c'est-à-dire à son corps. » (Cité par Pierre Chany.)

3. Charles Pélissier fut un des champions qui fascina Cocteau. « Il y a (des poètes) du sport. C'est ce qui distingue un Carpentier, un Al Brown, un Cochet, un Pélissier, d'un simple sportif et c'est ce qui rend leur prestige inexplicable aux yeux d'un monde pour lequel la grâce qui les habite demeure lettre morte. »

on oublie son importance de grande personne si l'on a tendance à céder au rengorgement, ou l'on renforce sa naïveté si, pour circonscrire la dérision de tout, on peut encore user de ce remède. Grâce aux réminiscences qui remontent en première ligne, on protège les bastions d'enfance que l'on a su défendre.

Nice-Laghet-La Turbie-Nice.

Il est dit que l'on peut gagner une course durant la nuit qui la précède. Un sommeil de plomb donne, le lendemain, des ailes. J'aurais dû admettre, dés le départ, que tout était perdu pour moi.

Pendant la nuit, sous la présence tutélaire de « mon vélo [1] », je n'en finissais plus de prendre des lacets, de rouler au milieu de la chaussée pour signaler ma domination, de pester contre l'adversaire abrité dans ma roue afin de démarrer ensuite sous mon nez, d'éviter de me mettre en danseuse en roulant bien assis sur la selle comme le préconisait René Vietto, d'accélérer progressivement et d'épuiser ainsi les autres, bref de présenter des lettres de créance à la victoire.

Des badauds découvraient par hasard cette

1. C'est ainsi que Georges Braque, adepte de la bicyclette, baptisa une de ses toiles.

course. Ils applaudissaient et scandaient des noms. La bouche ouverte afin de marquer le degré d'asphyxie et d'effort (avec l'espoir aussi de ressembler à quelque photographie de champion), rêvant d'être modelé, buriné et crotté comme un vainqueur de Paris-Roubaix dont l'image me hantait [1], je n'avais d'yeux que pour le bitume afin de limiter les risques de crevaison [2].

À quelques encablures de Nice, alors qu'une voie royale s'offrait à moi, le bel édifice s'effondrait. On me tirait par le maillot, on me culbutait dans un fossé, la chaîne de ma bicyclette cassait, la tige de selle, la potence du guidon, des bouquets de rayons... Au matin, le lit était un champ de bataille : je n'y étais plus « enfant chéri de la victoire ».

Je me levai, courbatu, comme si l'on m'avait roué de coups. C'est avec une mine froissée que je me rendis au départ. Tous piaffaient ; je dormais debout, portant, immanent, le sceau de la défaite.

La réalité allait surpasser le combat de la nuit. Ma botte secrète ne servirait qu'à botter les fesses d'un fanfaron : les miennes.

---

1. Gaston Rebry dit « le Bouledogue ».

2. Antonin Magne avait été champion du monde en 1936. Ses compagnons d'échappée Grundahl Hansen et Gustave Deloor avaient été victimes de crevaison. À qui soulignait leur malchance, Magne répliquait qu'un coureur doit être attentif et regarder la route. J'avais retenu la leçon avec la bonne foi d'un élève consciencieux.

Laghet est un petit village où s'élève un oratoire. Des ex-voto sont accrochés aux murs de l'église et tout au long des corridors du cloître jusqu'au plafond (y compris des vélos pour des grâces obtenues à la suite de chutes). Des pèlerins s'y rendent depuis des siècles. Certains y grimpent à pied par mauvais temps ou par une chaleur torride : plus dure sera l'épreuve, plus les remerciements seront dignes des faveurs et des miracles qu'accorde la Madone vêtue de satin bleu brodé d'or.

De souvenir de pénitents et de pèlerins jamais personne n'atteignit avec tant de mal ce sanctuaire. Une forge dans les poumons, un goût de sang dans la bouche, le cœur prêt à exploser à chaque instant, les tempes battantes, les jambes lourdes, les muscles du cou en feu, j'essayais d'être digne de mes projets, de mes ambitions. Afin de ne pas mettre pied à terre, droit sur les pédales, je zigzaguais sur la route ; mais le miracle ne vint pas. C'est le vélo à la main que je passai devant Notre-Dame et le « Bambino » d'or offert par Charles Emmanuel II.

Le tronçon Laghet-La Turbie fut un autre calvaire. Pourquoi s'infliger tel châtiment ? Il y avait loin de la lecture des reportages sportifs à ma piètre ascension. Tantôt à vélo, tantôt à pied, je me refusais à rebrousser chemin : l'énergie se décuplait quand les forces déclinaient ; l'indigence peut révéler des ressources inconnues.

C'est aux lanternes, le soir, que j'arrivai.

D'autres étaient plus en retard que moi. Certains, déjà, avaient rejoint leur domicile. Quand je frappai à la porte du mien, ma mère, affolée, s'assura que je n'étais pas blessé. Me voyant intact, elle me donna une fessée. Mémorable ! Je considérai que cette humiliation faisait partie de l'apprentissage : un champion se doit d'apprendre à souffrir, fût-ce en entrant chez lui.

J'aimais le vélo ; pour l'instant, il ne me le rendait pas.

IV

Les grands hommes ont chacun une étoile; les anciens l'affirmaient. Ils l'ont repérée dans le ciel et lui font confiance comme en un talisman. C'est leur manière de flirter avec l'immortalité et de guetter la chance. Orgueilleux, conscients de leur suprématie, ils sont aimables ou insolents mais toujours implacables. La victoire est leur pain quotidien. Qui se met au travers de leur route doit être dompté. Dans la jungle, ils seraient lions ou éléphants; parmi leurs pareils, une aura les entoure : tantôt frémissante telle une brume de chaleur, tantôt impressionnante comme une nuée d'éclairs : la stratégie en décide. On ne badine pas avec leurs quatre volontés. Leurs exigences ont force de loi.

Les grands hommes règnent dans le domaine où ils ont choisi d'être souverains. Parfois, le vélo les attire : « Je serai champion[1]. » Rien ne les détourne de cette résolution. Avant de se montrer tyranniques envers les autres, ils le sont avec eux-mêmes : discipline de vie, rigueur de l'entraînement. Dans les pelotons, ils ont tôt fait de brandir leur droit : celui du plus fort. Une équipe de serviteurs à leur dévotion : ils dominent[2]. Les Italiens furent les premiers à mettre en application cette technique de course. Dès les années dix et dans les années vingt, trente, Belloni, Brunero, Girardengo, Binda et Guerra disposèrent de « gregarii » (domestiques). Chaque chef de file avait barre sur des coureurs employés par le même constructeur. Les pelotons ainsi structurés, la victoire échappait rarement à l'un des « campionissimo ». La presse ne tarissait pas d'éloges quand elle racontait les tournois de ces seigneurs qui avaient su s'imposer par la force et l'adresse. Des mythes naissaient. Ils étaient vivants ; on pouvait les retrouver sur les routes en maillots bariolés, les jambes rasées sentant l'embrocation, la sueur au front.

J'avais beau scruter le ciel, aucune étoile ne me clignait des signes de complicité. Abandonné des dieux, je n'en persévérais pas

1. Eddy Merckx – dit-on – abandonna délibérément ses études, en accord avec ses parents. Comme on va à l'université, il s'en alla sur les routes apprendre son métier de licencié ès cycles.

2. Le vélo aime ceux qui ont le culte d'eux-mêmes. À noter combien de champions parlent d'eux à la troisième personne. Ce n'est pas du cabotinage. Cette manière de s'exprimer leur semble des plus naturelles.

moins. J'étais comme un infirme rêvant qu'il gagne Paris-Nice.

Dans ce Nice-Laghet-La Turbie-Nice, j'avais mis la charrue avant les boeufs. Comment sans entraînement aurais-je pu accomplir des miracles, même en croisant à deux tours de roue d'un sanctuaire, aussi réputé soit-il ?

Une telle erreur ne se renouvellerait plus. Instruit par la déconvenue, j'allais mettre les pédalées doubles, avaler des kilomètres comme les touristes pressés avalent sites, curiosités, monuments, et attrapent des indigestions de pittoresque.

Je m'entraînai donc.

Quand le trajet me semblait trop long, je songeais aux coureurs de Paris-Brest-Paris. Ils pouvaient parcourir 1 200 km en cinquante heures. Cette course avait frappé mon imagination alors que je puisais toujours des lambeaux d'épopée dans de vieilles lectures. J'y voyais Benoît Faure (surnommé « la Souris ») entrant dans un café pour se restaurer et n'en plus ressortir. Il s'y était endormi, épuisé. Je pensais à un Belge, Charles Joly, rendu fou par la fatigue et rebroussant chemin. Revenu à lui, il ne savait plus s'il était en Belgique ou en France. J'imaginais la souffrance de Jef Sommers, vainqueur de Bordeaux-Paris 1937. Malade, délirant, il réclamait de l'herbe en guise de nourriture...

Quand je voulais sprinter, je me glissais

dans la peau de René le Grevès ou Paul Maye : ils n'avaient pas leurs pareils en France pour jaillir des pelotons, aux arrivées...

Quand je me croyais « rouleur », j'avais devant moi l'image de Louis Aimar, un docker marseillais qui avait battu, au grand prix des Nations 1938, le favori de tous : le Hollandais Geerrit Schulte [1] ; dans cette course contre la montre, après 146 km, une seconde séparait les deux coureurs...

Quand j'escaladais les côtes, outre le visage de René Vietto, celui de Luigi Barral, celui de Francesco Camusso et celui du Suisse Vaucher m'accompagnaient : mon oncle m'avait amené au sommet du Mont Agel, j'avais vu gagner ces trois coureurs respectivement, en 1937, 38, 39...

Bref, je rêvais éveillé... je continuais... En grimpant sur les épaules de ces champions, j'avais plus de chances de m'illusionner sur mes possibilités. Ce mémento de l'histoire

1. Surnommé « le Fou pédalant ». En 1956, lors des Six Jours de Zurich, il se cassa quatre dents, non à la suite d'une chute, mais à cause d'un démarrage brutal : la rage de vaincre. Avant Schulte, d'autres coureurs furent appelés « les fous pédalants ». Ils étaient sociétaires de « la Pédale Charentonnaise ». La proximité de l'asile d'aliénés expliquait (!) le surnom. Une des particularités de Schulte et autres coureurs néerlandais est qu'ils se nourrissaient de harengs crus. Au Vél d'Hiv, sous les regards médusés de ceux qui découvraient le manège pour la première fois, ils les retiraient d'un seau rempli d'eau et les gobaient. « C'est le secret de notre bonne santé » ... expliquaient-ils. « À chacun ses épinards », commentait Roger Godeau, émérite pistard français surnommé « Popeye ».

cycliste jouait les bons offices contre un scepticisme que la candeur combattait aussi.

Je ne pouvais m'entraîner que le jeudi et le dimanche matin, redoutant chaque fois de ne pas être à la hauteur des joies que je me promettais.

Parfois, sur la route, je rencontrais des coureurs – des « régionaux » – qui partaient aussi « moudre des kilomètres ». Ils passaient tels des météores, sans un mot d'encouragement. Un seul, un jeudi, me fit un signe et un sourire. C'était Raoul Lesueur, avec sa blonde chevelure. Je n'en revenais pas. Je l'avais vu dévaler la Turbie en 1937 et remporter Gênes-Nice. Il deviendra champion du monde de demi-fond, à deux reprises : 1947 et 1950 [1].

Je grandissais. Le vélo tant attendu n'était plus à mes mesures. J'avais beau hausser la potence et la tige de la selle, mes genoux heurtaient le guidon et venaient chatouiller mon menton si j'avisais de me profiler « aérodynamiquement » à la façon des « pistards ».

Bientôt, je dus l'abandonner. Mes espérances

1. Depuis, Lesueur est mort renversé par un automobiliste, un matin de bonne heure, alors qu'il s'entraînait comme un adolescent du côté de Golfe Juan. L'un sortait d'un cabaret ; l'autre roulait en bonne compagnie, c'est-à-dire avec ses souvenirs de victoires et ses toujours jeunes chimères.

mordaient la poussière. Je ne battais plus le pavé cycliste, la tête pleine de perspectives mirifiques. C'est quand on doit renoncer que nous nous découvrons plus d'envergure que nous n'en avons : le phénomène d'amplification est à la mesure de nos regrets. La vantardise s'en mêle, ne fût-elle destinée qu'à nous leurrer, sans témoin. On oublie ses faiblesses pour exagérer les moments d'euphorie et par conséquent ses possibilités. Chez le sportif, le mécanisme se met en marche dès que les muscles reposés ne viennent plus rappeler les défaillances et les souffrances endurées. On injurie la réalité afin de mieux frétiller aux artifices. Ces lacunes de la mémoire permettent des ricochets. On recommence à affronter l'impossible avec des ambitions toutes neuves. « L'oubli est inventif », il joue les faux témoins avec une évidente bonne foi. Quand la mémoire est purgée des mauvais souvenirs, on ne pense plus « aux coups de barre ». Le coq se souvient-il des efforts qu'il fit – poussin – pour sortir de sa coquille ?

La guerre était là. La bicyclette devenait utilitaire ; ce n'était plus l'acte gratuit. Qui a dit : « Ces merveilleuses montures économiques ne consomment ni foin ni avoine ? ». Bref il convenait de mettre en place l'arsenal de défense contre la faim. Sur une bécane empruntée (une bécane d'adulte à présent, car j'avais poussé vite comme de la mauvaise herbe), je partais avec un ami à la recherche de légumes du côté des plaines du Var. Les paysans se faisaient tirer l'oreille : ils prenaient leur revanche sur un mode de vie qu'ils considéraient, en temps de paix, organisé en leur défaveur.

Le Tour de France n'existait plus. Ni les championnats du monde. Si les championnats nationaux furent maintenus partout, à part une interruption d'une année ici et là, en Allemagne il fallut attendre quatre ans pour qu'ils reprennent.

De nouveaux noms apparaissaient dans les palmarès. Chez les Français, il y avait Louis Gauthier que l'on appelait « le briseur de chaîne », Camille Danguillaume, Urbain Caffi, Émile Idée (« Roi de la vallée de Chevreuse »), Louis Caput, Lucien Teisseire dont la Côte d'Azur suivait les prodiges. Chez les anciens, Louis Thiétard (« L'Éternel second »), Benoît Faure (à plus de quarante ans), Raymond Louviot (surnommé « Laripette »), Jean-Marie Goasmat, Paul Maye, Dante Gianello et René Vietto entre autres – continuaient à écumer les routes.

Le vélodrome Pasteur avait rouvert ses portes. Pendant des années, on m'avait raconté les prouesses de Moeskops, Kaufmann, Michard,

Faucheux (« le Pape de la Cipale »), Moretti, Schilles, Avanti Martinetti et surtout Bob Spears, tous adeptes de la vitesse pure : l'aristocratie du cyclisme. On m'avait parlé des « stayers » – derrière leur moto – dont plusieurs étaient morts sur les pistes [1], et des courses « à l'américaine », c'est-à-dire par équipes de deux. La piste, à Nice, avait connu « ses heures de gloire » grâce au vélodrome Magnan puis, plus tard, à celui du quartier Pasteur. Des « Six jours » s'y déroulèrent.)

Ces courses, ces duels, survivaient (ou plus exactement vivaient) dans la tête de quelques-uns. L'éloignement les sublimait, tant il est vrai que les vieux souvenirs sont plus vivaces que les récents : ils ont eu le temps de consolider leur ancrage.

J'avais un parent qui habitait Monte-Carlo. Il vécut l'aventure du vélodrome Magnan où le spectacle était aussi sur les gradins : Italiens et Français s'y disputaient, bannières patriotiques au vent, arguments dans les poings.

J'allais le voir souvent, cet homme qui me semblait vieux mais qui en fait n'avait que mon âge d'aujourd'hui. Le cérémonial ne s'embarrassait

1. On dit que 42 coureurs tombèrent au champ d'honneur du demi-fond. Grand amateur de « descriptions d'itinéraires pour cyclo-touristes », Julien Gracq apprécie le mot Stayer. Dans *La littérature à l'estomac,* il parle du « sentiment de légèreté, de liberté délestée et pourtant happée à mesure » qu'éprouve le lecteur, sentiment, dit-il, « qu'on pourrait comparer à la sensation du stayer aspiré par les remous de son entraîneur ».

pas de fioritures. À peine étions-nous assis que, pour mon plaisir (et, je présume, pour le sien), il entonnait la mélodie du souvenir. Des ruines d'un anneau de ciment, la piste détruite du vélodrome, jaillissaient des fantômes de chair et d'os. De sa mémoire infaillible – comment aurait-il pu intervertir une phrase, gauchir une trajectoire, fausser une perspective tant son « numéro », cent fois répété, était au point ? – il me rapportait des faits vieux de vingt ans. J'étais comme un gosse qui veut qu'on lui récite sans cesse *Le petit chaperon rouge* et qui, aux aguets, s'insurge si l'on escamote un paragraphe, enchevêtre deux épisodes, cède à la lassitude. Rien n'était fané, fripé, le temps n'existait plus, ni l'espace ; l'Australien Bob Spears, beau comme un Apollon, s'élançait devant nous ; le Français Maurice Schilles commettait ses sempiternelles bévues tactiques ; le Hollandais Moeskops refusait toujours de se laver car l'hygiène enlevait tout influx nerveux à un champion – du moins le prétendait-il. Anecdotes, chronologies : tout y était. Le conteur ne lésinait pas sur les détails. J'étais transporté sur les lieux mêmes des Odyssées. Ces coureurs, repris par la vie de tous les jours, dès que les projecteurs longtemps braqués sur eux s'éteignent, imaginaient-ils qu'une mémoire les sortait de l'ombre et qu'un enfant se repaissait d'histoires qui n'intéressaient plus grand monde ?

J'allais revivre des instants identiques grâce à la réouverture du vélodrome Pasteur. Je me le promettais. Si les champions d'aujourd'hui n'étaient pas à la hauteur de ceux du passé, mes yeux les magnifieraient. La reconnaissance envers tant de belles légendes m'enseignerait cette politesse. La clairvoyance n'en souffrirait pas. Il me suffirait – avec lucidité – de puiser dans des fables pour donner un coup de pouce au présent. Le merveilleux est contagieux; il se propage bien après que quelques conteurs – semblables à ce parent qui logeait en Principauté – nous l'ont inoculé.

Comme si mes prérogatives me bornaient à rêver et à ne pas concrétiser des rêves où je me voyais distinctement – à vélo – affronter les meilleurs coureurs, je me contentais de me rendre au vélodrome le dimanche.

Quant à la carrière à laquelle je me promettais, elle paraissait fichtrement compromise. Pour tout entraînement, un cageot amarré à l'arrière d'un vélo d'emprunt, un autre ajusté à l'avant, sac au dos, je partais à la recherche de nourriture. En guise de bouquet récompensant le vainqueur, j'empilais des poireaux.

V

Cent et cent périls menacent une vocation ; la vie en recèle dans son quotidien... Impossibilité d'acheter une nouvelle bicyclette, tracasseries de l'existence, impératifs qui mobilisent, absence de discipline parce que de jeunes appétits nous dispersent, bref, affluence de « raisons valables » ou d'excuses que l'on s'invente, je ne remontai pas sérieusement sur un vélo jusqu'au retour du service militaire.

Des procès que je m'intentais, je sortais toujours indemne grâce à l'abondance de circonstances atténuantes. Je « m'arrangeais » avec les causes et les conséquences d'un renoncement que j'escomptais provisoire.

Je continuais à me passionner pour le cyclisme sans que cette passion me pousse à l'ostracisme envers d'autres sports. Mais l'enfance n'était plus là pour créer et prolonger les mystères. Si j'admirais toujours les coureurs, je n'auréolais plus leur histoire de merveilleux, la réalité me suffisait. Cette réalité, je la puisais inlassablement dans les reportages sportifs. Mais n'était-elle pas exagérée par le lyrisme ? Ou, au contraire, l'écriture se tenait-elle en-deçà des exploits accomplis ? Le journaliste qui suit, qui couvre une course doit de toute nécessité posséder le sens de l'épopée [1]. À moins que le cycliste n'en sécrète naturellement comme il sécrète de la sueur et que, par conséquent, cette faculté exige un diapason: inutile d'ajouter des rangées d'instruments à cordes et à vent et d'enrober la ligne mélodique de coups de cymbales et de tra-la-la pour amplifier la symphonie. (Si l'éclat des cuivres existe, c'est qu'il est nécessaire.) Après tant d'années de fidélité à mes premiers enthousiasmes, je trouve l'apothéose monnaie courante. La déformation n'a pas sa place ici. Les titres de noblesse s'acquièrent sur la route.

Ainsi en 1947 Jean Robic (« Biquet ») gagnera le Tour de France et le cœur des foules. Casqué

---

1. Écrivant sur Jean Marais acteur, Jean Cocteau rêve de le « suivre avec la faconde précise des speakers sportifs de la radio dont on regrette, dit-il, que nos critiques n'aient pas l'exactitude. Je les écoute, ajoute-t-il, comme j'écoute Albine à la fin de *Britannicus.* Comme elle, ils nous rapportent des événements invisibles. Comme le sien, leur débit s'échauffe jusqu'au lyrisme lorsque les chances se disputent. Ils s'expriment en des termes pareils aux chiffres et qui n'autorisent rien de flou. Que n'ai-je l'aisance d'un Georges Briquet pour suivre Marais dans sa course ».

(il avait eu le crâne fracturé au cours d'un Paris-Roubaix), il alliait panache, héroïsme et rodomontades ; jamais il ne laissait indifférent... Ainsi Apo Lazaridès (« l'Enfant grec ») profitait du parrainage de René Vietto, chaque jour davantage « héros national »... Ainsi Lucien Teisseire faisait alterner engouements et regrets car sa désinvolture contrecarrait sa « classe »... Ainsi Fausto Coppi obligeait les reporters à inventer des superlatifs : jamais, disait-on, on n'avait vu telle perfection se fondre à un vélo [1]... Ainsi Gino Bartali (« le Pieux » était devenu « il Vecchio ») augmentait encore son emprise sur le public comme toujours les grands champions vieillissants... Ainsi Louison Bobet entrait dans le Gotha du cyclisme de tous les temps... Ainsi Magni, Van Steebergen, Koblet, Kubler, Bahamontès (« l'Aigle de Tolède »), Schotte soulevaient les enthousiasmes... Ainsi Charly Gaul grimpait les cols comme, peut-être, personne avant lui ne les grimpa...

Mon deuxième vélo, mais le premier de course, je l'achetai aussi d'occasion. Avant même la première balade, alors que, chez moi,

1. Pierre Albert-Birot, que Max Jacob tenait en grande estime, écrit : « Il était 11 heures 10 du énième jour de son âge quand Grabinoulor devant un homme qui passait à bicyclette s'émerveilla très fort en pensant que cet homme et cette machine vivaient un si élégant équilibre tant qu'ils seraient en mouvement et il se dit encore toutes les choses qui font l'Univers s'éloignent et se rapprochent perpétuellement les unes des autres et l'immobilité n'existe pas (...). »

je le contemplais le soir, en rentrant du travail, je constatai que le cadre (à l'arrière) était cassé. J'allai protester, la rage au cœur, auprès de celui qui me l'avait vendu. Il nia en être responsable. Quelques injures ne l'amenèrent pas à plus d'honnêteté. « On est plus dupe par la méfiance que par la confiance », écrit le cardinal de Retz. « Le vieil acrobate mitré » qui, dit-on, « était capable à lui seul d'empoisonner les plus heureuses natures », m'avait induit en erreur (à travers les siècles). J'avais acheté les yeux fermés car je connaissais le vendeur. Je me retrouvai avec une déception profonde. (Aujourd'hui j'en ris ; ceci explique cela, à savoir que je continue à me méfier si peu.)

Je dénichai un artisan. Il scruta et sonda d'un œil désespéré l'étendue de la catastrophe. Au moment où j'imaginais devoir à jamais renoncer à reprendre la route, il me dit : « On va voir ça. » Son ton était celui d'un médecin au chevet d'un moribond. Un pli barrait son front. Il obéissait à un rite, comme tant de ses pareils, mais, à l'époque, je l'ignorais.

Une semaine plus tard, quand j'allai voir le résultat de l'opération, il me montra, d'un geste large et lent, son oeuvre : « J'ai fait ce que j'ai pu... » Après un long temps d'arrêt, il ajouta, sans qu'un muscle de son visage ne bouge : « Ce sera plus costaud que neuf... »

C'était un oracle donnant un laissez-passer.

Cet artisan devait devenir un excellent camarade. Avec une philanthropie qui taisait son nom, il m'aida souvent. Il aimait à raconter ses courses en Italie, lorsqu'il affrontait les meilleurs de sa génération ; il l'affirmait avec force détails, personne n'étant à même de vérifier.

Quand je me rends à Nice, je ne manque pas de lui rendre visite. Ses cheveux ont blanchi, à Pierrot. Son nez est chaussé de lunettes. Son accent italien ne s'est pas francisé. Sur son établi, les pièces de cyclomoteurs sont plus nombreuses que les plateaux et les roues libres de bicyclettes : « Il faut marcher avec son temps. » Comme par le passé, il s'occupe toujours de « mon vélo », énonçant des conseils que lui seul détient ou croit détenir : chaque artisan possède ainsi ses petits secrets glanés tout au long d'une expérience. J'éprouve grand plaisir à l'écouter, tandis que les « tu te rappelles » annoncent et ornent des rengaines...

À Paris, j'ai connu aussi des hommes de cette qualité dans le métier qu'ils ont choisi.

L'un, à l'enseigne du « Petit Boyauteur », ne s'occupe – depuis plus de trente ans – que de coudre et de vendre des boyaux [1]. (Sur un panneau de bois, des photos dédicacées témoignent de la reconnaissance des coureurs. Sur certaines, on découvre le maître des lieux, plus mince qu'il ne l'est aujourd'hui, dans un peloton ou en tête

1. « Mince chambre à air placée dans une enveloppe cousue. » (*Nouveau petit Larousse illustré.*)

d'une échappée.) Dans un autre magasin plus fastueux, un patron et son ouvrier se penchent sur des vélos avec une précision d'horlogers. L'ouvrier m'émeut. Il a dû abandonner la compétition à la suite d'une blessure. Bien que très jeune, il n'ignore pas ce qu'est la nostalgie : une nostalgie sans rémission. Un soir, il me dit : « J'aime tellement mon métier que je travaillerais des nuits sans dormir pour bien régler une bicyclette. Je ne peux plus courir mais ça ne fait rien : le vélo c'est ma vie... » Dans son regard, il n'y avait nulle trace d'amertume. Seuls des regrets, de la tristesse et beaucoup de gentillesse. Grâce à des hommes tels que lui, on oublie un moment les ennuis, des foules d'agacements. On est bien. On a envie d'écouter des choses simples. On a envie d'être un chic type, de se montrer à la hauteur...

Le vélo fin prêt, il convenait que je le sois aussi. Cuirassé de lectures et de bonne volonté, je m'y employais. Le secret du feu ne se transmet pas toujours.

C'était la fin décembre. Deux fois par semaine, je partais à l'aurore pour reprendre au retour mon travail à 8 heures. Parfois, ensommeillé, je me lavais les dents avec de la pâte à raser. Si je n'ai jamais su rivaliser avec les champions dont je m'inspirais, le vélo m'aura permis de connaître la Côte d'Azur, quelques cols alpestres et, plus tard, d'autres régions d'Italie ou de France comme seuls les randonneurs peuvent les connaître.

Le dimanche matin, l'entraînement était plus long. Invariablement solitaire, je n'osais me mêler aux pelotons que je rencontrais. Ils comprenaient de jeunes coureurs qui préparaient leur saison et d'anciens combattants aux visages boucanés ; certains radotaient sur leurs exploits passés, surtout s'ils n'en avaient pas accomplis ; tous communiaient dans la passion du vélo ; certains s'en détacheront, d'autres la conserveront toujours.

Je m'appliquais à progresser selon des méthodes que je trouvais dans des livres ; la lenteur de cette progression me dépitait. Le sport exige une morale. Si l'on souhaite y réussir, il est préférable de s'en tenir aux disciplines qu'elle implique. Celui qui veut devenir champion doit consacrer tout son temps à ne songer qu'à ce but ; et cette condition n'est pas suffisante car encore faut-il en avoir les aptitudes. J'avoue que je ne saurai jamais si je possédais ces aptitudes. Comme tant et tant, les séductions de la vie me happaient. J'étais infidèle à une idée fixe. Je complotais contre mon rêve, et je ne dépassais pas le stade des enfantillages. Mais le vélo se venge. Il est comptable. Il additionne et soustrait. Les artifices peuvent le gruger un moment. Au bout du compte, les incartades sont des délits qui se paient. Le Sésame n'admet pas les fantaisistes, les velléitaires. On l'a vu pour des êtres doués qui négligeaient l'entraînement ou ne menaient pas une existence assez rigoureuse. On ne falsifie pas les grammaires de l'effort. Le sport catalyse le meilleur et le pire. Si les scories sont nombreuses, on règle la note. Elle est salée. Ce qu'il faut, c'est respecter son corps afin de mieux le maîtriser et de l'aider à canaliser ses forces pour atteindre le but assigné par l'esprit [1].

Au bout d'un an, sur les conseils de mon oncle (il me rêvait champion, ce champion qu'il n'avait pas été : le transfert est fréquent), je m'inscrivais à un club. Rien de tel pour mettre à raison la confiance que l'on peut avoir en soi et susciter plus de mesure. Je vivais toujours l'ineffable des aurores, des couleurs et des bruissements de la nature à n'importe quelle heure de la journée. J'en oubliais – un moment – l'économie de meurtre qui préside à toute vie : les comparaisons avec les autres apprentis coureurs me forçaient à penser à mes insuffisances. Le bouffi de vanité n'a pas cours dans ces confrontations. Les brevets de satisfaction accordés par

1. « J'aime dans le sport un bonheur qui n'est pas un relâchement, mais une activité et une tension. » (Montherlant.) « La discipline sévère jointe à la force élémentaire produit des résultats explosifs. » (Ernst Jünger.)

des papotages autour d'une limonade ont des arômes de gloire universelle.

J'en ai parcouru, des kilomètres ; des dizaines de milliers. Parfois, je croyais rencontrer « l'état de grâce », comme une vigie, proie d'un mirage, crie terre. Il est difficile de communiquer ces sensations durant lesquelles, semble-t-il, plus rien ne nous rappelle nos limites. Le dimanche suivant, l'examinateur se présente sous la forme d'un camarade, ou d'une côte que l'on grimpe mal si l'on s'avise de dépasser un certain régime. La bicyclette si légère semble lestée de plomb. On se retrouve grimaçant, les traits creusés, alors qu'on s'imaginait vaincre la pesanteur ou s'être perdu de vue tant on fournissait d'efforts sans souffrance. Le cancre, en moi, reprenait ses attributions.

Je me décidai tout de même « à prendre une licence » et à m'aligner dans une course ouverte aux 1er, 2e, 3e, 4e catégories et aux débutants. Ma première course...

Des démons obscurs, une fois encore, perturbèrent ma nuit. Écartelé entre l'allégresse et le désarroi, je prenais le départ avant l'heure. Au moment où, enlisé, vaincu, je cédais au sommeil, le réveil sonna. J'eus beau alléguer d'une fatalité rebelle, il fallut me lever. Ma puberté cycliste allait connaître sa première épreuve.

Bavardages, regards sur le vélo pour vérifier qu'aucun mécanisme ne trahira, détachement afin de masquer le trac des profondeurs, appel des concurrents et... la solitude (parmi la cohorte des coureurs) m'aurait saisi, si je n'étais subitement devenu le voyeur d'un spectacle auquel, pourtant, je participais. La sensation dura peu. Il convenait de secouer sa carcasse pour tenir bon. C'est que tous ces jeunes gens jouaient à qui irait le plus vite. Autant ne pas courir à ma perte tout de suite.

Après un prologue en surface relativement plane, la route s'éleva franchement. Jusque-là, je m'étais bien comporté. La dénivellation, en s'accentuant, moissonna mes forces. Corrompus par la fatigue, mes muscles se dérobèrent à mes injonctions. Les maillots qui me doublaient persécutaient mon orgueil : j'étais le processionnaire d'un convoi funèbre ; ils filaient tels des jockeys de Grand Prix. Le besoin héréditaire de compétition se corsait.

Flanqué d'autres démunis, il ne me restait plus qu'à rallier, dans la décence, la ligne d'arrivée. Je ne m'épargnais ni une invective ni une cruelle raillerie [1]. Il fallait que je me dépasse à défaut de dépasser les caïds de la course. Aiguillonné, je parvins même à rejoindre et à doubler

1. En course, le Suisse Ferdinand Kubler ou le Savoyard Pierre Brambilla se parlaient à haute voix pour se stimuler ou s'injurier si leur corps n'obéissait pas à leurs coups de cravache verbaux.

quelques attardés d'un peloton en déroute. Le terrain n'était pas miné que pour moi.

« Tu as fait de la chaise longue ? »

C'est l'interrogation qui m'accueillit quand je franchis la ligne d'arrivée. Ainsi, le discrédit est jeté sur le héros malheureux. Je n'eus pas le goût de répliquer. On m'ôta mon dossard et, à vélo, je regagnai mon domicile, seul comme un vaincu.

Le lendemain, lisant le journal, je ne vis pas mon nom.

Je devais, par la suite, m'accoutumer à cet anonymat. Il est dit « qu'une œuvre est toujours le portrait de celui qui l'exécute ». Ma carrière publique de coureur cycliste – qui fut brève et locale – est restituée par cette abréviation : etc. Dans toutes les épreuves auxquelles je participais, je ne réussis jamais à me classer avant cette ligne de démarcation fatidique où les journaux parquent les ratés des pelotons. D'un côté les 1er, 2e, 3e, 50e, 100e. De l'autre : *et caetera, etc.* Que cette locution latine rimât avec mon nom ne me consolait pas. Je portais le surnom comme une marque d'infamie. Jamais je n'ai pu m'extraire du conglomérat où s'essoufflent les inaptes. Baroudeur des défaites, martyr de l'humiliation, débile du braquet : le délit de nullité me frappait. Ma fidélité au tabac était-elle responsable de ces pantalonnades répétées ? Je voulus le croire sans pour cela me priver de ces cigarettes qui me pénalisaient. Où les preuves par neuf n'existent pas, les prétextes (ou les excuses) peuvent les machiner [1].

Une fois, pourtant, j'eus l'honneur du communiqué. On m'avait repéré, frétillant, allègre, pédalant, en tête, là-haut, du côté de la Roquette-sur-Var. Hélas, j'avais abandonné la course depuis belle lurette. Le journaliste qui lisait la liste des engagés s'était trompé de ligne (imprimée) après avoir regardé le numéro du dossard de cet inconnu qui devançait tous les concurrents. Mon unique moment de gloire résultait d'une erreur.

Une autre fois, en compagnie d'un colosse cannois qui vendait des voiles de bateau comme Maître Panisse, je fomentai une échappée. Je sautai à pieds joints dans l'audace. Mon but était de précéder le peloton, au cours d'un passage à Nice, avant d'affronter les cols de « la Boucle de Sospel », là où René Vietto s'illustra. Ma mère devait se trouver à un coin de rue, guettant l'enfant prodigue (en sueur). Le coup était prémédité. Aspiré dans le sillage du colosse, à l'abri comme derrière un « derny », le relayant parfois sans que mon comparse puisse espérer de ma carrure un déplacement d'air suffisant où se nicher, je menai à bien ma gageure. Au lieu choisi, mon unique admiratrice était présente. Je lui fis un clin d'œil, un petit signe de la main

1. « C'est l'amour de la gloire qui garantit les sportifs du tabac, des coucheries, des banquets. » (Jean Prévost.)

droite. Attendrie et inquiète, elle applaudit : cette joie furtive homologua mon évasion. Il était temps. Pendu à nos basques, le peloton nous absorba. Quelques kilomètres plus loin, la route s'éleva. Aussitôt, l'entreprise de désagrégation commença. La pente, comme savonneuse, me reléguait dans un combat d'arrière-garde plus proche des farces et attrapes que de l'épopée cycliste. C'était le mois de juillet. Le goudron fondait. Il faisait une chaleur comme le désert en connaît. Bientôt, allongé tel un gisant [1], je vis trois paysannes s'approcher. L'une d'elle, sans doute apitoyée, me tendit une cruche d'eau fraîche. Je bus comme le sable boit en période de sécheresse. Je m'aspergeais. Ces trois paysannes (et cette cruche) constituèrent l'unique bain de foule de ma carrière.

---

1. « On aurait cru les freins serrés à bloc. Et me sentant soudain envahi d'une grande fatigue, malgré l'heure qui était celle de ma vitalité maxima, je rejetai la bicyclette dans le buisson et me couchai par terre. » (Samuel Beckett, *Molloy*.)

VI

Le cœur ulcéré de tant d'ingratitude, je décidai d'abandonner une nouvelle fois la Petite Reine qui me laissait obstinément dans l'antichambre de sa cour. Poireauter aux guichets des échecs ne me tentait plus. Espoirs et réalité étaient inconciliables. Ceux-là me conduisaient par la main où celle-ci me déniait la moindre satisfaction. Nul Cagliostro [1] du cycle, nul Mandrake du mollet, nul docteur Miracle de l'effort ne s'étaient penchés sur mon sort. Si baguette magique il y eut, elle se métamorphosa promptement en marteau qui assène la défaillance : Carabosse terrassait les fées bienfaisantes. Les ingrédients y étaient : cadre, selle, jantes, dérailleur, roulements à billes. Le mode d'emploi me fuyait. Congénitalement, je n'étais pas apte. Donnez un pinceau, des couleurs, une palette, un chevalet, des toiles au premier quidam venu. Il ne sera pas forcément Vélasquez ou Van

1. Ce n'est pas le nom d'un « campionissimo ».

Dyck [1]. Les jeux étaient faits, je ne serais jamais champion cycliste. « Le goût des sens interdits » ne me poussait plus. Suivre scrupuleusement conseils et entraînements n'empêchait pas les impasses. Le pied de la lettre avait, pour moi, un talon d'Achille. Un soulier (cycliste) dans les nuages, l'autre dans l'ordinaire des jours, comment ne pas boiter ?

Mais d'avoir toujours été en retard de quelques dizaines de minutes aux arrivées (comme les mentalités le sont de plusieurs siècles) ne m'empêchait pas de parcourir mes rêves à guidon abattu, la pédale joyeuse [2], le rictus à la bouche, faisant flèche de tout rayon. On ne change pas d'obsession comme de chemise. Depuis toujours dans le camp de l'enfance, mon bonheur de vivre se jouait sur fond de regrets.

Était-ce ma faute si, les yeux fermés, je ne voyais qu'un guidon et le cercle noir d'un boyau ? Tantôt, je grimpais le Tourmalet ou je ballottais dans les remous de Liège-Bastogne-Liège. D'autres fois, je franchissais en vainqueur la ligne d'arrivée de Milan-San Remo sur la via Roma ou je m'imaginais revêtu d'un maillot jaune qui ne serait pas l'emblème d'une mésaventure conjugale. Je rêvais comme au temps où je portais des pantalons courts. Des

1. Il ne s'agit là ni d'un grimpeur espagnol, ni d'un coureur flamand.

2. « La Pédale Joyeuse » : nom d'un célèbre club cycliste marseillais.

rêves chargés à blanc. Ma naïveté frôlait la bêtise [1]. Envoyé spécial sur le front des ressassements (et d'une enfance que l'on appâte non de friandises mais d'histoires de sueur), je tressautais sur les pavés du Nord avec la virtuosité d'un acrobate. Ne pas posséder « un nom à gagner Paris-Roubaix » (Antoine Blondin) ne m'interdisait nullement de m'identifier à Rik Van Steenbergen, Rik Van Looy ou Roger de Vlaminck. J'éludais mes carences afin de côtoyer les enchanteurs, faire bombance avec des prodiges et m'imbriquer à l'extraordinaire. Je jonglais avec mes nostalgies. Je gommais l'exil. La rime Nucera-*et caetera* cessait de perturber mon état civil et ne m'emprisonnait plus comme une camisole de farce.

Dans le lit, la fatigue musculaire, une fois encore, devenait amnésique. Une cuillerée d'optimisme, le soir, au coucher, et le souvenir des souffrances disparaissait pour laisser place à la béatitude. De l'espèce rampante, apparenté depuis toujours aux chenilles, je me transformais en grimpeur ailé. La chrysalide et le papillon. Les « leçons de choses » de l'école communale venaient en renfort pour annuler les déconfitures.

---

1. « Cette sainte Bêtise est le seul point par où le poète, fût-il de la race rimbaldienne ou mallarméenne, se montre digne de prétendre au royaume des simples d'esprit. » (Jean Cocteau.) Cette citation ne doit pas laisser croire que je revendique le titre de poète.

Familier de l'exceptionnel, je régnais au pays des moyeux. L'incapable d'hier, ce ne pouvait être moi. Les indigestions de défaites, le concert des quolibets, un autre les avait subis. Dans mon ardeur ébouriffée, je cotisais à l'épate. Mes songes jouaient les terre-neuve.

Dévot des grands noms du passé, je continuais à faire mon miel de mille lectures que j'adaptais à ma condition pour la transcender. J'étais comme ces aventuriers qui ne quittent pas les quatre murs de leur chambre. Ils régentent leur imagination : elle prolifère comme dans une serre.

Acolyte du temps, j'administrais mes insuffisances, réglant des contentieux. Fini d'observer des minutes de silence sur ma médiocrité. Fini le porte-à-porte (en quête de victoire) qui n'aboutissait qu'à des refus. Avec la sagesse du chevronné et le sourire ésotérique de celui qui sait, je savourais cet « état de grâce » qui m'habitait enfin.

Rassurez-vous, les réveils étaient lucides. Mes divagations ne s'évadaient pas de la superficie d'un lit [1]. Si je me refusais à verbaliser mes

1. Dans ses rêves vélocipédiques, Julien Gracq est plus raisonnable, il n'affronte ni Victor Fontan, ni Sylvain Marcaillou, ni Raphaël Géminiani, ni Roger Pingeon, ni Raymond Delisle : « Je décide de consacrer huit jours à me promener à bicyclette

carences, brassant des idées noires durant des nuits blanches, le contractuel réapparaissait dans la journée. Je savais bien que sur deux roues je cessais de faire la roue. Les ambitions n'avaient plus cours. Le « fringant coursier » dessiné par l'imagination n'avait, de toute son existence, pas plus avancé qu'une chèvre rivée à son piquet [1].

De se payer de rêves comme l'on se paie de mots n'y changeait rien.

à travers le Périgord, et m'éveille sur ce départ alléchant. » (*Lettrines.*)

1. Dans *Rose et Vert-Pomme,* Alphonse Allais parle du record qu'il détient : « le record du millimètre ».

VII

Ma bouderie dura quinze ans.

Un après-midi, en Bretagne, le « manque » fut trop fort.

C'était au centre de thalassothérapie de Quiberon. Maître des lieux, vêtu de sombre, Louison Bobet[1] allait d'une personne à l'autre. Il saluait, baisait la main des dames, échangeait quelques paroles... Je le revoyais sur la via Roma en 1951, le visage illuminé par un de ces sourires qu'aucune arrière-pensée n'entache : il exprime une joie venue du plus nocturne de l'être, une joie patiemment préméditée durant des années d'efforts et de sacrifices, la joie de celui qui veut atteindre un but et qui, pour cela, va jusqu'au bout de lui-même[2] : la récompense.

---

1. « Un des garçons les plus rares, les plus séduisants qu'il m'ait été donné de connaître », écrivait Pierre Benoit qui, cycliste pratiquant, participait au championnat de son club.

2. – Qu'est-ce qu'un personnage de roman, monsieur Balzac ?

– C'est n'importe qui dans la rue, chez lui... mais qui va jusqu'au bout de lui-même.

On savait depuis le capo Berta [1] que deux Français étaient en tête de Milan-San Remo : Pierre Barbotin et Louison Bobet. Malgré la poursuite d'un peloton de frénétiques, les deux B., les deux Bretons, devancèrent la meute. Au sprint, Bobet gagna. Les spectateurs français (les plus nombreux venaient de la Côte d'Azur voisine) exultaient. Chez les Italiens, ce fut la consternation [2]. Depuis 1912, depuis Henri Pélissier (surnommé « la ficelle », tant il était long et mince), *la Marseillaise* n'avait plus retenti sur la via Roma. C'était comme un crime de lèse-italianisme. Bobet pénétrait par la grande porte dans l'univers des géants. Sa notoriété allait le survolter durant de nombreuses années et l'alléger des semelles de plomb du tâcheron. Pourtant, cet hypersensible ne s'éloignerait jamais des bagnes du doute; en cela, le « monstre sacré » demeurait homme ; en cela, il touchera toujours « le coeur des foules » comme on

1. Il y a trois difficultés avant l'arrivée à San Remo ; les capi Mele, Cervo, Berta. Sur des routes conduisant au sommet de ces collines qui culminent sur la Méditerranée, les coureurs ignorent la beauté du paysage ou les dissertations sur les « choses éternelles » : ils ne songent qu'à tenir ou à attaquer.

2. Nulle violence cependant. Rien de commun avec l'arrivée du Tour de Lombardie en 1911, par exemple, où le vainqueur Henri Pélissier fut rossé sur la piste. Il dut se réfugier au faîte du mirador où se tenait le juge à l'arrivée. Là, les forcenés décidèrent d'improviser un bûcher. Près de cent carabiniers délivrèrent le champion français de l'holocauste auquel il était promis. Henri Pélissier, élève de Petit Breton, avait vingt et un ans.

s'enchante du bonheur d'un ami ou qu'on souffre de ses désillusions.

Tandis qu'à Quiberon Louison Bobet poursuivait son ballet de propriétaire, son frère Jean me recevait. Derrière son bureau, dans une vitrine, des coupes, des fanions, des breloques, des médailles : autant de trophées qui jalonnent une carrière.

Bien vite, la conversation s'orienta vers le Paris-Nice de 1955 qu'il avait gagné. Lui aussi, je le revoyais à cette arrivée, comme je revoyais la victoire du « Roi René » en 1935, celle du petit Belge chauve Jules Lowie en 1938 (il avait enlevé le maillot jaune à Albert Disseaux lors de la dernière étape et je me souvenais des pleurs de ce dernier, sur la Promenade des Anglais, derrière une voiture : j'avais dix ans ; si je ferme les yeux, la scène m'apparaît encore aujourd'hui), celle de Maurice Archambaud en 1939, celle de Fermo Camellini en 1946, un Italien de Nice, naturalisé Français sur le tard, à l'énergie hypertrophiée : l'immigration sait produire ces excroissances. Dans un inventaire passionné, je me souvenais de ces diverses scènes avec la précision d'un spécialiste, tout en conservant la naïveté ou l'émerveillement d'un gamin qui fouille un grenier [1].

1. Rien ne dépassera en intensité une des victoires de Jacques Anquetil dans la même épreuve. Son duel avec Poulidor était au paroxysme. Fou d'orgueil, froid comme une lame, Anquetil, tel « une métaphysique en action », se sublima. « Il ressemblait à un avion », disent, dans leur jargon cycliste, ceux qui se souviennent. Il appuya sur ses pédales et personne ne lui résista.

– Allez-vous faire du vélo ? me demanda Jean Bobet.

– Il y a si longtemps... dis-je, faussement dubitatif.

– J'en mets un, qui appartient à mon frère, à votre disposition.

On me proposait non seulement de chevaucher une bicyclette mais encore du prestige : un écrivain à qui l'on place entre pouce, index et majeur, la plume d'oie de Chateaubriand.

Le jour même, je courais admirer la merveille. Jamais Philémon pour Baucis, Abélard pour Héloïse, Tristan pour Yseult, Roméo pour Juliette ou Cary Grant pour Irène Dunne (*Elle et*

(« Ixion, éternel, ne se rappelle plus quand il a démarré ni qu'il ait démarré. Ixion est dans "l'état d'esprit" du boulet savourant sa trajectoire. » (Alfred Jarry.) Le soir, dans les foyers ou les bistrots, certains étaient outrés de la supériorité du Normand : l'insolence, fût-elle involontaire, ne plaît pas. D'autres, confrontés à l'exceptionnel, s'extasiaient. Les uns se sentaient plus proches de Poulidor, accessible, proie des faiblesses comme un mortel doit l'être. Leurs opposants savaient voir quand l'exceptionnel paraît. Et Anquetil, c'était l'exceptionnel « en forme » ; « la forme des sportifs » qui inspira à Roger Vailland cette analyse : « C'est un sens nouveau qu'ils (les sportifs) ont ajouté aux vingt-cinq acceptions du mot signalées par Littré. Celle qui s'en approche le plus : "La forme d'un argument, la manière bonne ou mauvaise dont l'argument doit être disposé pour qu'il soit selon les règles." Le coureur en forme est dans les règles pour gagner. » (*325 000 francs.*) On pourrait compléter cette réflexion par ces quelques lignes de Julien Gracq sur la technique. « Ce qui justifie une technique, c'est seulement de mettre en valeur un tempérament, de le capter dans le seul chenal qui le rendra efficace, à la manière d'une conduite forcée qui capte des eaux sauvages et les envoie sur leur turbine. » (*Préférences.*)

Lui) n'eurent de tels regards. Je voguais vers les éthers.

Le lendemain, avec une ferveur de néophyte et une méforme de podagre, j'entrepris de ressusciter le passé. À la première dénivellation (aussi anodine fût-elle), aux premiers effets d'une brise subtile (de face), je rengainai mes illusions. La bicyclette se venge d'une trop longue infidélité. Pour reprendre du poil de la bête, il convenait de s'atteler à la tâche avec la persévérance d'un animal de trait.

Sur ces routes du Morbihan, qui sont paradis pour idolâtres de la Petite Reine [1], je croisais des cyclistes et voyais des pieds de nez jusque dans leur regard. D'autres me doublaient comme des Maserati dépassent en trombe un char à bœufs. La voie royale des retrouvailles devenait un chemin de croix. Une définitive reconversion à la chaise longue serait-elle ma seule issue ?

---

1. « Voyez ces roues de charme, les dentelles de Bruges de leurs rayons, longs doigts de pianiste que gantent les boyaux sombres et durs... Le cale-pieds, c'est déjà l'étrier, déjà l'aile de Mercure. » Ondes, vibrations, délicatesse : René Fallet a pour le vélo les yeux de Chimène. Inspiré jusqu'au délire, passionné sans se délester de la moindre nuance de tact, il thésaurise la grâce et n'admet pas qu'un interlocuteur fasse grise mine. Il y a ceux aiment le vélo et ceux qui ne l'aiment pas : ainsi partage-t-il le monde. « L'homme intégral est vélocipédiste », disait déjà cet écrivain pour qui la postérité est injuste : Charles Albert Cingria.

J'eus alors l'idée d'encourager ma femme à m'accompagner. La contagion du vélo devait se propager dans la famille afin de sauver les apparences. Si l'aisance et les coquetteries d'un champion m'étaient interdites, les prévenances d'un bon mari allaient m'être offertes.

Théologien sans avoir perdu la foi, je m'apprêtais à réciter des palmarès sans que ma mémoire ne se lasse de ces jeux puérils ou à exhumer quelques morceaux de bravoure aptes à la séduire. Je m'apprêtais à en appeler à je ne sais quel raffinement d'élégance. J'aurais évoqué le dandysme des temps passés : « La bicyclette était alors dans sa grande nouveauté. Son chic était incontestable depuis que le prince de Sagan lui-même s'en était servi, certain matin de 1890, pour se rendre à la Potinière. On créait pour elle, côté des dames, une mode inoubliable : vastes culottes bouffantes, corsage avec manches à gigot, bottines hautes et coquet petit canotier parfois agrémenté d'une plume gaillarde [1]. » J'aurais pu lui dire que même Mallarmé s'était astreint à répondre à une enquête sur le costume féminin à bicyclette [2]. Citant

1. Paul Chauveau dans *Alfred Jarry ou la Naissance, la Vie et la Mort du Père Ubu.*

2. « – Que préférez-vous du pantalon masculin ou de la jupe, au triple point de vue de la beauté, de l'hygiène, et de la correction ?

– Je ne suis, devant votre question, comme devant les chevaucheuses de l'acier, qu'un passant qui se gare, mais si leur mobile est celui de montrer des jambes, je préfère que ce soit

Alfred Jarry, j'aurais pu encore lui cacher les difficultés qui l'attendaient : « On n'ignore point que chaque jambe d'un cycliste se repose et même bénéficie d'un massage automatique, et aussi réparateur que n'importe quelle embrocation, pendant que l'autre agit... »

Je n'eus pas à utiliser ma science car elle se prêta de bonne grâce (et en jeans) au subterfuge : quand elles le veulent, nos compagnes comprennent ce qui n'est pas dit. De raté, je devins professeur. En un tour de main, ou plutôt de pédale, je m'installais dans cette fonction inédite. Je pouvais gourmander une insuffisance, sprinter sans risque d'être rejoint, pousser mon élève dans un raidillon, mettre pied à terre par solidarité, corriger une position (nulle allusion pornographique ou érotique [1]), montrer ma supériorité avec la nonchalance du chevronné et le sourire protecteur du bêta accompli. Cette menue monnaie (de prestige) sonnait comme un trésor.

Tous les matins, quand le touriste dormait ou cuvait « ses nuits de débauche », quand les

---

d'une jupe relevée, vestige féminin, pas du garçonnier pantalon. » (*Œuvres complètes,* La Pléiade. Cette réponse de Mallarmé parut dans *Le Gaulois.* Charles Morice menait l'enquête.)

1. Encore que... Dans *Lolita,* Vladimir Nabokov écrit : « Pour son anniversaire, je lui offris une bicyclette, cette adorable machine aux allures de faon. Le style cycliste de Lo (j'entends sa méthode d'approche, le mouvement de ses hanches quand elle se jucha en selle, sa grâce, et tout le reste) me dispensait un plaisir suprême. »

camionneurs s'emparaient des routes, nous quittions notre hôtel pour des randonnées de rêve. Le bon plaisir présidait au choix des itinéraires. Quand des pelotons ou des solitaires nous doublaient, ils nous lançaient des mots de gentillesse et de sympathie. Des mots guillerets. C'était une cure de bonhomie. Nous sillonnions la patrie de la fraternité.

Les nostalgies de gloriole m'étaient étrangères. L'esprit de compétition ne m'habitait plus. Le vent était là, la fraîcheur des chemins, le chant des oiseaux, la senteur des fleurs et des arbres, l'ivresse d'une descente, le bruit et l'odeur forte de la mer, la beauté d'un ciel où moutonnent des nuages. Éloignés de la forfanterie, nous pédalions. Loin des mégalomanies, nous réinventions la règle d'un jeu. Nous fabriquions des merveilles. Si la frange des côtes n'octroyait que quelques centimètres de superficie à chaque fesse (tant les foules s'y pressaient), si la mer risquait la pollution, les désagréments de la civilisation des loisirs et de l'industrie ne nous atteignaient pas. L'atrophie de liberté qui nous menace était balayée à grands coups d'iode et d'oxygène.

Une seule crainte pour l'invétéré possédé d'émulation que je suis : que ma femme ne s'avisât un jour de me « lâcher » dans une côte, de poser un bras protecteur sur mon épaule. Là, mon amour-propre si bafoué autrefois dans ma période (météorique) de compétition n'y résisterait pas. Il y a des humiliations qu'on ne peut encaisser ; la carapace la plus épaisse de je-m'en-fichisme céderait telle une dentelle.

Sur fond de ciel, de mer, de bruyères, de bocages, de Bretagne vraie ou d'Épinal, je m'efforçais à ne pas déchoir.

VIII

De retour à Paris, je sortis de la cave mon vieux vélo. Si l'air vif le revigora, mes bronches encrassées de nicotine n'en perçurent pas le bienfait. Ni les muscles passés à tabac, ni les fesses endolories, ni les mollets noués de crampes, ni les courbatures, ni les regards narquois ou apitoyés n'émiettèrent ma persévérance. Aide-toi, l'essieu t'aidera. Fort de cette pensée profonde, j'établis mon programme d'entraînement.

Le samedi et le dimanche, onze mois l'an dans le Val d'Oise, avec, parfois, quelques incursions à Saint-Malo ou dans la forêt de Rambouillet, tous les jours en juillet à Nice, durant les « vacances », je m'imposai de couvrir 7 à 8 000 kilomètres dans l'année.

Argonaute des bords de Seine et de l'Oise, Ulysse des Alpes-Maritimes, je tins mon pari.

Un matin, dans la côte de Dourdan, alors que je rêvais à je ne sais quelle échappée d'Émile Idée, que je m'identifiais à des héros de « la légende des cycles » (toujours ce prurit de l'excessif), un ancêtre me doubla. « Rallie-toi à mon panache blanc ! » me cria-t-il tandis que je voyais disparaître sa roue arrière et sa crinière insolente. C'était une voix de jugement dernier.

Une autre fois, ce fut un gars chaussé de pantoufles, juché sur un engin antédiluvien contemporain de Garrigou [1], qui se glissa dans mon sillage et n'en décolla pas. J'avais l'air d'une locomotive dernier cri, soudain poussive, traînant un wagonnet de western.

À l'approche de la côte de Chanteloup, là où René Vietto gagna la Polymultipliée en 1938, je songeais de nouveau à ces moments de l'enfance qui forment une fraction du personnage que l'on deviendra, qui déterminent un volet de nos passions. (Pourquoi celui-ci collectionne-t-il des bagues à cigare et son voisin des papillons morts ? Pourquoi cet autre préfère-t-il la pêche à la ligne plutôt que de se joindre à la foule d'un stade en délire [2] ? Qu'est-ce qui prélude au choix ?) Avec une sensibilité bien niaise, je revoyais pour la énième fois l'image du Tour de France 1934, cette image de désolation et de guet dont j'ai déjà parlé où le « Roi René », assis sur un muret, le visage grimaçant et baigné de larmes, la main gauche sur sa cuisse, l'autre sur

1. Vainqueur du Tour de France 1911, de Milan-San Remo la même année, des championnats de France 1907 et 1908.

2. « Réunion sportive : on entend tous les cris de l'enfance poussés par la voix de l'homme. » (Jean Giraudoux.)

son mollet droit, son vélo (amputé de la roue avant) à ses côtés, attendait du secours. Comment expliquer – sinon en fouillant les replis où l'enfance se calfeutre – que cette photographie, quarante ans plus tard, m'inspirait encore ce solfège de sensiblerie ? Quand j'attaquai la côte, une autre photo se superposa : Vietto entraînant Kléber Piot, Robert Chapatte et tout un peloton arc-bouté par l'effort ; c'était en 1947 dans le « circuit des boucles de la Seine » ; mais c'est Bobet qui gagnera. Une impatience physique me faisait oublier que j'aurais dû demander une licence à l'association sportive des fossiles : l'illusionniste chassait en moi le réaliste. Un groupe me rendit la raison. Il me doubla avec une facilité qui me recroquevilla dans ma petitesse. Je redescendis vers le village, installé sur des coteaux où s'étagent des vignes, et me consolai en écrivant une carte postale au « Roi René ». Cette carte, je ne l'expédiai pas. Un catéchumène du cyclisme ne perturbe pas les méditations du grand prêtre.

Un jour, je décidai de me rendre à Chevreuse. D'où je partais, un trajet de cent kilomètres m'était promis [1]. La liberté était là qui endiguait les océans de contraintes où nous survivons.

---

1. La joie de se dire que l'on peut faire cent kilomètres et d'en venir à bout sans trop de fatigue si l'on ne force pas trop sa cadence ! Le 20 à l'heure qui fait rire le profane quand il le compare au moyennes de Merckx, provoque une certaine considération chez les ressortissants de la caste cycliste.

Tandis que je pédalais, je passais en revue quelques dignitaires de ce haut lieu de l'histoire du vélo. J'imaginais Maurice Archambaud, Léon le Calvez (lors du Grand Prix des Nations en 1933 : sa bicyclette ne pesait pas six kilos), Paul Chocque, Roger Lapébie (le Végétarien [1]), Pierre Cogan, Amédée Fournier, Pierre Jaminet, Montéro, Jules Rossi (l'Italien de Paris), Marcel Laurent, le fantasque Robert Charpentier, Jean Maréchal seul contre le vent en 1939 (« à l'inverse de certaines natures mythologiques qui sont aimées par les vents », le coureur n'apprécie que celui qui le pousse), Roger Hassenforder [2] et surtout, surtout, Fernand Mithouard.

Soudain, à Chevreuse, une enseigne m'apparut : F. Mithouard. C'était un bar-tabac. J'entrai. J'y consommai une grenadine à l'eau. Derrière la caisse, celui qui gagna un inoubliable Bordeaux-Paris en 1933 (sous la férule du « sorcier » Francis Pélissier ; l'année suivante celui-ci diri-

---

1. Je ne sais plus qui évoque le heurt vélocipédique entre Bertrand Russel et George Bernard Shaw, végétarien militant et alors néophyte en matière de cyclisme. Si après une spectaculaire cabriole Shaw se releva et reprit sa route, Russel, son vélo hors d'usage, fut contraint de monter dans un train omnibus, d'une lenteur hyperbolique, pour rentrer chez lui. À chaque arrêt du tortillard, Shaw se moquait de Russel à travers la portière en criant : « Voilà bien une preuve de plus de la suprématie des végétariens sur les carnassiers ».

2. « Hassenforder (dit Hassen le magnifique ou Hassen le corsaire). Coureur combatif ou suffisant ("Des Bobet, moi, j'en ai dans chaque jambe"). C'est le guerrier ardent qui ne sait que combattre, jamais feindre. » (Roland Barthes, *Le Tour de France comme épopée, Lexique des coureurs.*)

gea un autre vainqueur, Jean Noret) lisait ou servait les clients qui achetaient des cigarettes. Je l'observai à la dérobée. Je brûlais d'envie de lui parler. Cet homme au visage fermé pouvait-il imaginer que les hiérarchies de la fleur de l'âge n'avaient pas varié chez ce grand dadais sirotant sa grenadine au comptoir ? Perdu dans ses pensées, m'avait-il seulement vu dans ma livrée de coureur cycliste honoraire ? Une fois de plus, je n'osai enfreindre l'étiquette : la crainte d'importuner doit tenir en laisse les turbulences de l'admiration.

– Ça lui aurait sans doute fait plaisir, commenta ma femme, au retour, quand je lui racontai la scène.

Des amis l'approuvèrent. Je ne pouvais m'époumoner à vanter ma discrétion ; comment présager de l'accueil qui m'aurait été fait ? Cette mise sous éteignoir d'une impulsion cycliste orienta la conversation vers « les Six Jours de Paris » : tous ceux qui étaient là avaient vécu les soirées du Vel'd'Hiv'. Comme si l'on décrochait des sous-verre ou feuilletait des albums de photos, apparaissaient des noms qui sont aussi une imagerie : Broccardo-Guimbretière (surnommés « les gars de la marine » car ils portaient un maillot cerclé bleu et blanc ; Broccardo le Niçois avait un foulard rouge autour du cou), Wambst-Lacquehay, Buysse-Billiet, Pijnenburg-Wals, Ignat-Diot, Schön-Pellenaers... Les uns évoquaient Karel Kaers, d'autres Linari ou Charles

Pélissier pour lesquels les femmes se battaient, les équipes Pecqueux-Coupry, Schulte-Boeyen, Pousse-Delvoye, puis Boucheron, Mouton, Sérès, Godeau, Blanchonnet, Marcel Kint (« l'Aigle Noir »), Carrara, l'élégant Bruneel (presque un pléonasme) qui fumait des cigares de magnat des finances, Piet Van Kempen à qui l'on reprochait de disputer les petites primes destinées à la valetaille et qui répliqua : « C'est un hommage que je rends au populaire » (les « populaires » se cotisaient afin d'animer la course [1]), Octave Dayen, Le Nizerhy, Guy Lapébie qui, après une chasse, s'allongeait quelques minutes à l'abri de sa cagna et dormait à volonté, Tristan Bernard, lequel poussa son amour du vélo jusqu'à devenir directeur du vélodrome de Buffalo [2]...

On faisait resurgir le fantôme de Georges Berretrot (Monsieur 10 %), des sprinters comme Scherens (dit « le Poeske « : le chat en flamand), Gérardin, Richter, Van Vliet (le coureur à lunet-

1. « Plus haut que les placards de publicité, je vis les traits tirés, les yeux ardents des populaires. À l'emballage, ils (les coureurs) s'abattirent sur la prime comme des carpes sur un quignon. » (Paul Morand, *La nuit des Six-Jours.)*

2. Quand Tristan Bernard donnait le départ des courses (il le faisait fréquemment), il ne provoquait jamais de faux départs. Comme on lui demandait les raisons de sa précision, il répondit : « Je m'entraîne souvent car j'estime qu'on peut tricher avec n'importe qui sauf avec les coureurs cyclistes qui mettent le monde en jeu sur 500 mètres. » Et de renchérir : « Je me suis toujours efforcé de servir la cause du sport – et du cyclisme en particulier – parce qu'elle se confond avec la cause de la paix. »

tes), Derkens, Senfftleben, des « stayers » comme Raynaud, Minardi, Lemoine, Terreau, Paillard, Chaillot, Metze, Lohmann, Linart... Sur un fond sonore d'accordéon, on parlait de « saucissonnades » et de snobs qui se pavanaient, de plongées du haut des virages, de chansons réalistes, de déboulés, d'accélérations, d'atmosphères enfumées. On mélangeait les époques. Exilé de ces fêtes du cyclisme, puisque à l'âge d'or du Vel'd'Hiv' je vivais à Nice, j'avais l'impression d'avoir tout connu. J'étais même capable de corriger une date ou de rectifier les souvenirs des autres : l'exactitude n'est pas contraire aux muses. Tel un navire de guerre hissant son pavillon ou un élève studieux récitant ses leçons, je me signalais à l'attention. Tous se fiaient à mes dires, lesquels provenaient d'heures de lectures. L'ironie envers moi-même chapitrait le m'as-tu-entendu et l'arrachait au ridicule. Et puis nous échangions ces signes, ces symboles, ces allusions, ces mots de passe qui font que l'on se reconnaît : nous étions les fervents d'une confrérie. Un fluide nous reliait. Chaque péripétie détenait une clef qui donnait un élan à ce qui allait suivre. Des passe-d'armes à propos de l'orthographe d'un nom, d'une date, d'un enthousiasme, débouchaient sur des paris, le ton montait : le superflu se drapait d'essentiel. Nous devenions des collectionneurs d'estampes ou de porcelaines qui se délectent à raconter la genèse de leurs trouvailles et admettent mal la remise en cause d'un fait établi par eux : on dérange leurs habitudes. Les années n'avaient pas consumé la flamme. J'étais bien.[1]

Je ne suis pas fait pour les dépenses quand elles me concernent. Je me prive longtemps avant de décider de l'achat qui va me combler. Ces hésitations ont l'avantage de faire valoir l'objet convoité. Elles ne procèdent pas de l'avarice. Elles émanent de vieilles hantises. La pauvreté a des prolongements inquisitoriaux ; elle maintient ses tribunaux : ils ourdissent des privations.

Après mûres réflexions, je congédiai la sanction et conclus avec l'audace une alliance bénéfique ; je m'achetai un vélo : le nec plus ultra. C'est une « occasion » qui permit (encore) au trésor de parvenir chez moi. Cette fois aucune lésion du cadre ne dissipa mon bonheur. Le joyau était là, méritant les balances les plus subtiles. La minceur des jantes, les douze vitesses, la délicatesse des pédales, la ligne (un mannequin de haute couture), tout me comblait : Car-

1. « La bicyclette me permet de comprendre le renard, l'oiseau, le serpent et, glissant discrètement sur la route, d'entendre mieux le bruit du torrent, le frisson des grands arbres, toutes choses qui, pour un écrivain, ont tant de charme » (Jean Giono). « Des sciences qui font l'émerveillement et la mémoire des hommes (...), la géographie est celle qui se marie le mieux au sport cycliste, au point de le magnifier » (Yves Berger).

tier, Van Cleef et Arpels s'étaient ligués pour parfaire la beauté ; une concordance de solidité et d'élégance [1].

Ma joie ne connut plus de bornes, ce qui est une façon de parler car jamais je n'avait additionné autant de bornes kilométriques. L'été, à Nice, je m'attaquais à des cols. Hypocrite et cruel, je pris même dans le Braus une revanche sur mes déconvenues du passé. J'arrivais de Turini et décidai de rejoindre, par une route qui court entre le mélèzes, le col où Vietto se révéla. La descente est vertigineuse ; elle débouche sur un ligne droite qui monte vers le sommet du fameux Braus. Là, en point de mire, j'aperçus deux cyclistes qui achevaient leur ascension. Lancé à plus de 60 à l'heure (ils ne pouvaient voir d'où ce bolide surgissait), je les doublai. Au sommet, je m'arrêtai, frais, dispos, reposé par la longue descente. Il s'arrêtèrent aussi. Jamais je ne lus dans des regards semblable admiration. Un Merckx, un Fuente, un Gaul, un Ocaña, un

---

1. « Le vélo constitue une source d'esthétique incomparable. Une semblable harmonie entre la machine et l'homme est le fruit d'une patiente histoire. » (Antonin Blondin.)

« D'abord c'est beau, c'est poétique, cet engin. Des gens qui ne font pas attention à cela ont beau s'agiter dès qu'on parle d'art, ils ne feront pas attention non plus aux plus hauts sommets de la tragédie grecque. Il faut aimer ses roues, aimer ses jantes, aimer l'acier et ses formes. C'est ça qui doit être la littérature, ainsi que le comprenait Jarry. (C.-A. Cingria.) Jarry qui écrivait : « Les Rosny ont déjà appelé le cycle un nouvel organe ; c'est surtout un prolongement minéral de notre système osseux, et presque indéfiniment perfectible, étant né de la géométrie. »

Poulidor, un Walkowiak inconnu était apparu dans leur univers. Ils l'avaient vu de leurs yeux : « Oui Monsieur ! Celui-là, s'il voulait, il les battrait tous. Et qui plus est : le prodige n'était plus très jeune ! Un ancien ! » Sans un mot, je rebroussai chemin pour rejoindre Nice. Les ai-je écœurés du vélo ou, depuis croient-ils au miracle ?

Et vint le sacre de Thévenet !

Les métamorphoses dues au phénomène du sacre ne sont plus à dire. L'homme n'est plus le même après qu'on l'a nommé pape, président de la République ou qu'il a décroché un rôle de dictateur. Les ondes de tous – euphorisantes, de soutien ou malveillantes – convergent vers lui. Il les gobe tel un paratonnerre. Bourré de vitamines, d'électricité, de fluide, il brigue le mythique.

Ainsi de Bernard Thévenet. Ce champion né au lieu-dit « Le Guidon » [1] ne sera plus jamais le même homme (quoi qu'il arrive) depuis que son maillot jaune a monopolisé l'attention des foules. Le sens des responsabilités lui est venu en même temps que des forces nouvelles puisées dans la ferveur de tous. Ce qui plaît dans le sport, c'est qu'il ne suffit pas de se déguiser en jaune ou en arc-en-ciel (maillot de champion du

1. Pirandello, lui, est né a Agrigente au lieu-dit « Le Chaos ».

monde) pour être le premier. L'athlète, s'il est le meilleur (excluons l'adversité), franchit en tête la ligne d'arrivée. Il n'a pas à attendre un verdict qui échappe à ses rênes. Il gagne. Tam-tam, gloria, hosannah résonnent ensuite.

Ce sacre de Thévenet devait rejaillir sur la cohorte des cyclistes du dimanche. Des jambes françaises avaient dépassé en efficacité les jambes d'un Belge illustre parmi les illustres : Eddy Merckx [1]. Du coup, des centaines de *papabili* se mirent à pédaler sur les routes d'Ile-de-France et de province comme si un zeste de la puissance du champion national pouvait gonfler les muscles de ressortissants plus modestes.

Sans coiffer le bonnet phrygien, revêtir une tunique bouton-d'or et claquer au vent un oriflamme bleu-blanc-rouge, je n'échappai pas à la contagion. Je quêtais ma monnaie de chimères, bientôt persuadé que j'avais retrouvé mes vingt ans, que la nicotine n'était qu'un doping et qu'il ne tenait qu'à moi d'entamer une carrière à l'âge [2] où, sagement, les ex-champions gèrent les

---

1. « Merckx donne l'idée d'un dieu un peu triste, en visite par ici et par là ; d'un destin d'où la faiblesse et l'étonnement d'exister semblent exclus. Homme sans ombre, qui peut regarder le soleil en face (...) » (Georges Perros).

2. Le grand Tolstoï découvrit la bicyclette à 67 ans et s'en éprit comme un gamin. Il roulait, assistait aux réunions du vélodrome de Tula et s'était abonné à « La France Cycliste ». Henry Adams se voua au vélo vers la cinquantaine pour, disait-il, « commencer une nouvelle vie ».

bistrots à l'enseigne « Au Tour de France ». La part du lion m'était dévolue.

Jetant toute réserve par-dessus les moulins, j'oubliai les nuits d'insomnie, une existence étrangère aux disciplines sportives, et me mêlai aux pelotons rencontrés. J'aurais même osé « prendre la roue » de René Vietto, ne redoutant pas qu'il me regarde sans me voir comme les gens célèbres ou importants savent le faire : je cessais d'être un enfant parmi les grandes personnes.

Je revins sur terre le jour de mes quarante-sept ans. Piteux anniversaire !

Seul, je roulais du côté de Médan sous une pluie diluvienne : un temps à ne pas mettre un chien dehors mais acceptable pour un délégué à de grands desseins. À peine songeais-je à Zola qui, sur cette route comme sur celles d'Aix-en-Provence à l'époque de ses visites à Cézanne, aimait à faire de la bicyclette. C'est à d'autres glorieux que je pensais. À Louveciennes, la fugitive image d'Henry Miller me traversa : quand il était correcteur pour l'édition parisienne du *Chicago Tribune*, il roulait souvent de ce côté-là. Bien vite la vision de Thévenet doublant Merckx dans la montée de Pra-Loup se superposa. J'étais euphorique. La pluie m'inondait. Elle ruisselait dans mon cou. De la main droite, je chassais la boue que la roue avant faisait gicler sur mon visage. J'étais un vrai coureur dans la tourmente. Je me souvenais d'une confidence du Roi

René : « Quand j'étais jeune et que je revenais d'une longue séance d'entraînement, s'il n'avait pas plu, je m'arrêtais près d'un ruisseau et je me mettais un peu de boue sur le front pour ressembler à des photos de François Faber, de Lucien Buysse, de Nicolas Frantz ou d'Alfredo Binda que j'avais admirées [1]. » Forçant mes dispositions, une connivence magique s'établissait entre le rêve et moi.

L'illusion dura peu. Soudain, dans mon oreille, ce bruit caractéristique des vélos qui vous suivent et que les éternels menacés des pelotons connaissent bien... Sans pitié, météoriques, deux jeunes gens me doublèrent.

L'un d'eux, aussi charitable qu'une dame patronnesse qui ne cacherait pas à son protégé sa déchéance, me lança : « Vas-y Papa ! »

---

1. Il y a, dans *La Véridique histoire des géants de la route* de Jean Durry, une photo d'Adelin Benoit (maillot jaune durant le Tour de France 1925 gagné par Ottavio Bottechia) qui illustre les propos de Vietto. Vainqueur de l'étape Bayonne-Luchon après quinze heures vingt-huit minutes de course, dans des conditions atmosphériques cauchemardesques, Adelin Benoit n'est plus qu'une effigie de boue, un masque de glaise, qu'un sourire illumine. « Il ne faut jamais abandonner, déclarait Vietto en guise de profession de foi. Si tu te casses une jambe, tu l'enveloppes de chatterton. Si un silex t'arrache l'œil, tu le laves et tu le remets ». Étonnons-nous après de l'exaltation de Mac Orlan : « Quand le Tour est passé (...) les enfants (...) s'assemblent autour des fontaines, les reins appuyés sur leur bicyclette (...) Un, sans doute, qui connaît Vietto, tentera un jour l'aventure du Tour de France qui plonge l'homme tout vif dans les honneurs conférés par la foule ». Chassez l'héroïsme, il revient à vélo.

On a assassiné des hommes pour moins que ça.

Mais qui pourrait venir à bout de ma ferveur ?

IX

« Il est poétique d'écrire simplement pour le plaisir le mot palétuvier. » C'est une phrase du vieux faiseur d'aphorismes belge Achille Chavée ; il cherchait à voir « si son désespoir portait un grain de beauté ». On en ressent l'exactitude quand on écrit ces mots dont la langue française est riche, et aussi... en prononçant ou en voyant naître sous la plume des noms de sportifs... C'est comme une mélodie... de vieux airs qui convoquent des nostalgies ou égayent le présent... On réinvente brusquement un décor, on pactise avec des âmes en peine qui ont connu le succès, on ajoute des brins de légende à ceux déjà tissés par le passé. D'avoir payé leur rançon aux années ajoute à leur pouvoir et bannit la décrépitude.

Il est dit dans Borgès : assez de métaphores, l'étymologie des mots en contient bien assez. D'une certaine manière, les noms de sportifs aussi. Ils sont chargés d'évocations. Moi qui vous parle, moi qui ne me lasse pas de ranimer une enfance qui, du reste, n'a nul besoin qu'on souffle à perdre haleine sur ce qu'elle a de naïf (on s'en est aperçu), je peux lire les classements d'un Tour de France 1924, d'un Paris-Tours 1939, d'un Paris-Roubaix 1950 ou d'une Flèche Wallonne 1963 et m'arrêter à chaque nom pour rêver. À chacun ses plaques sensibles, ses billets pour l'aventure. Humour, mélancolie, épique tiennent l'affiche. Ce sont des moments privilégiés où la rétrospective ne joue pas de mauvais tour. Au fond d'un camion qui serait bâché (d'ordinaire le bureau, la chambre où on lit), on respire l'air de la grand-route et des cîmes les plus hautes. On entend les klaxons et les sirènes des voitures suiveuses, les pétarades des motos, les injonctions du directeur de la course, les encouragements des foules [1]. On pénètre dans des palais dont l'accès est ouvert à tout le monde. Il suffit de s'être captivé un jour pour tel coureur ou tel autre : leurs noms sont bons conducteurs de souvenirs.

Ainsi je n'en finirais pas d'ériger des statues ou de les sortir de l'ombre. Je n'en finirais pas de fignoler les éclairages. Le fait d'avoir si peu connu (personnellement) de champions aide à

---

1. « Le bidon de Robic, recueilli par des mains pieuses au bord de la route, ira rejoindre sur l'étagère d'honneur le missel de communion et la douille d'obus ciselée. » (Jacques Perret.)

« On ne dirait pas qu'ils (les coureurs) rivalisent entre eux mais qu'ils nous fuient et qu'ils sont les gibiers de cette escorte où se mêlent dans la poussière opaque, des cris, des coups de trompe, des vivats et des roulements de foudre. » (Colette, quand elle suivit le Tour de France.)

les sculpter – peut-être – plus grands qu'ils ne sont : on ne les voit qu'en action ; l'admiration s'accorde mal avec les mesquineries du quotidien : et si l'archange n'était qu'un être désagréable, familier des caprices les plus sots ? Autant ne pas observer « le héros de plein air » dans sa boutique; rien ne ternira l'image du prophète qui jette feu et flamme.

Comment se comportait l'homme Giuseppe Olmo dans la vie courante ? Je l'ignore. Mais je sais que celui qui fut « recordman » de l'heure en 1935 (45 km 090) s'entraînait au moins une fois par semaine sur home-trainer les yeux bandés dans le but d'obtenir un parfait équilibre en toutes circonstances. Il songeait aux chasses effrénées des Six-Jours quand, sur la piste, vers 1 ou 2 heures du matin, la fatigue et la fumée voilent les regards et altèrent les réflexes. Il s'y préparait. Ce trait de caractère suffit à me dire de quel bois était fait le champion et dans quel feu ce bois fut durci.

Les palmarès, bien sûr, suscitent en moi des appareillages sans que le navire quitte le quai. Un chat [1] sur les genoux et un livre à la main,

1. Marilyn Monroe aimait les chats et le vélo : « Un petit chat gris sortit en gambadant de la chambre à coucher. Marilyn lui jeta un bas de laine roulé en boule. Une élégante bicyclette anglaise à changement de vitesse était appuyée contre la fenêtre

j'aborde des contrées où les êtres ne cessent de se dépasser : imaginez Marcel Schwob, Mac Orlan ou Joseph Kessel lisant les noms de Samoa, de Vancouver ou de Vladivostok ; imaginez-les songeant à Robert-Louis Stevenson ou à Jack London...

Souvent, le matin, au téléphone, avec un ami (Max Urbini), nous jouons à nous poser des questions. Qui a gagné Paris-Bruxelles en 1933, Gênes-Nice en 1938, ou la Poursuite Olympique en 1936 ?... On aime aussi à citer des noms de coureurs qui n'ont pas passé la rampe de la grande postérité et dont le souvenir n'est solennel qu'à quelques-uns : Prior, Ramos, Franzil, Tom et Albert Van Schendel, Arsène Mersch (il s'en fallut de peu de lettres qu'il devienne célèbre), Bruno Carini (mort en course), Jean Majerus (le géant luxembourgeois), Joseph Sofietti, Oreste Bernardoni, Jules Merviel, Hardiquest (au dos d'une photo posée contre une plaque de chewing-gum Globo on l'avait surnommé « le Binda Belge ». Je me demande encore pourquoi ? Avait-il le style de Binda à défaut de l'invulnérabilité ?), Truéba (« la Puce »), Yvon Marie, Paul Giguet [1], Éric Bautz, les frères Lauck,

---

de la cuisine. Marilyn me dit qu'elle allait se promener à bicyclette dans Central Park ou le long d'Ocean Parkway à Brooklyn. » (Maurice Zolotow.)

1. Dans une étape du Tour de France, Paul Giguet était entré dans un bistrot. Il avait ouvert une trappe et s'était glissé dans la cave pour y chercher de la fraîcheur et étancher sa soif. Le peloton passa. Des joueurs de cartes refermèrent la trappe, ins-

Pastorelli, Jean Fréchaut, Debenne, Dorgebray, Tanneveau, Fabien Galateau, Deforge, Léon Level, Amédée Rolland, Adrien Buttafocchi (également mort en course), Julien Moineau, Renoncé (on imagine un titre sur huit colonnes : « Renoncé : Irrésistible »), Frantz Bonduel (ce coureur m'a fasciné des années durant comme il fascina René-Jean Dupuy de l'Institut), Hamerlinck, les frères Clémens, Gaby Ruozzi, Hendrickx, Cimatti, Mario Vicini (j'avais neuf ans quand il termina second d'un Tour de France ; Vicini était le nom de mon grand-père ; de là à échafauder des liens de parenté...), Bini, Bizzi, Cottur, Cloarec, Alvaro Giorgetti, Vincent Vitetta et j'en passe des centaines... Ces noms, obscurs pour tant de gens, nous parlent comme les hiéroglyphes parlaient à Champollion...

Je me souviens du jour où Max Urbini me demanda quels étaient les vainqueurs de Manche-Océan 1945, des premières étapes des Tours de France 1938 et 1939 ? Je répondis du tac au tac : Éloi Tassin, l'Allemand Oberbeck et Amédée Fournier. Miraculeusement, la « conjoncture » m'avait été favorable. J'entendis un choc dans l'écouteur. Sans doute mon ami s'était trouvé mal : il s'alarmait de constater qu'un être qui lui était cher s'encombrait les méninges de détails aussi inutiles. Et puis les rires chassèrent la sur-

---

tallèrent une table au-dessus et commencèrent à « taper le carton ». Giguet fut obligé de se métamorphoser en esprit frappeur pour qu'on le délivre.

prise : un fou rire d'écolier qui s'attise d'autant plus que la menace de l'instituteur se précise. Ma femme me regardait comme on regarde un gosse qui vole des confitures ou se divertit de choses qui n'amusent plus les adultes. J'avais payé ma dîme aux années : je retombais en enfance et me retrouvais dans la cour de récréation quand nous nous amusions « aux devinettes sportives ». Une scène identique devait se dérouler dans l'appartement auquel j'étais relié. N'était l'habitude, nos statures (si elles existaient) en auraient pris un satané coup. L'attendrissement – une fois encore – chassa toutes velléités d'impatience ou de condamnation. De toute façon, nous nous moquions tant de nous-mêmes que les apparences étaient sauves. L'humour forge et articule les cuirasses. « Le cycliste enfourcha sa bête d'acier nickelée, et s'enfuit dans la direction de Monte-Carlo, probablement pour se donner une contenance. » (Alphonse Allais.)

À l'énoncé des palmarès s'ajoutent des à-côtés qui pimentent le plaisir du voyage. L'amoureux du vélo se délecte à entendre ces anecdotes ; il en fait provision sans jamais connaître la satiété. Qu'il apprenne que Federico Bahamontes offrit deux maillots jaunes du Tour de France à la vierge de Tolède, que le premier fut pieusement conservé et que le second fut découpé en carrés de deux centimètres pour les collectionneurs de reliques bénies, aussitôt il colporte la nouvelle. Il a autant de joie à recevoir qu'à donner. Ainsi répétera-t-il cent fois qu'une dédicace de Fausto Coppi détient le record des enchères à l'américaine pour un sportif (18 millions de lires, la Spezia, 1969) ; que Gino Bartali courut le Tour de France 1948 avec un petit mot du pape Pie XI rédigé à son intention, en 1938, année de sa première victoire (le message était conservé dans un petit sachet de soie) ; que Mac Namara courut les Six-Jours de New York (1927) avec des cale-pieds « plaqués or » offerts par une admiratrice... André Hardellet racontait un jour qu'un de ses plus beaux souvenirs des Six-Jours était « une plongée d'André Pousse depuis les balustrades ». Des années plus tard, il en était encore impressionné. De l'auditoire, un homme se détacha. « C'est moi André Pousse », dit-il. Devant le champion, l'écrivain redevint un gosse émerveillé. De cette histoire et de son émerveillement, je ne sais combien de fois Hardellet fit profiter ceux qui l'écoutaient... Pousse y ajouta cette confidence. Une nuit, lors des Six-Jours de New York, on le présenta, sur une des chaînes de télévision américaines, comme le coureur le plus adroit et le plus acrobatique de toute l'Europe. On le plaça sur un home-trainer. Au moment où l'émission commença, devant des millions de téléspectateurs, Pousse fit un faux mouvement et tomba...

Il y a les coups d'éclat, les morceaux de bravoure qui auréolent à jamais un champion. On lit le nom de Coppi ; aussitôt des images jaillissent de notre laboratoire interne, là où se gravent les souvenirs [1]. On le voit sautant d'un trottoir à l'autre dans un Paris-Roubaix, roulant à plus de 45 à l'heure comme si les pavés étaient rabotés, on le voit dominateur et maître de sa personne dans les Dolomites ou un col alpestre, on le voit tentant l'impossible et le réussissant. Les années n'existent plus. Coppi revit : le vélo lui apporta beaucoup, mais le sport cycliste lui doit tant ! On songe à ce passage des *Cahiers* de Barrès cité par Paul Chauveau : « Lu chez Georges Hugo cet autographe inédit de Victor Hugo qui complète mon idée sur l'action intellectuelle de la bicyclette : décision dans l'esprit, précision dans l'idée, concision dans le style. » De Maurice Garin à Lucien Aimar, de Jean Alavoine (« le gars Jean ») à Raymond Poulidor, de Camille à Jean-Pierre Danguillaume, de Giovanni Valetti à Francesco Moser, de Théo Middelkamp à Jop Zoetemelk, de Kurt Stoepel à Dietrich Thureau, de Raymond Impanis à Franz Verbeeck, de Georges Ronsse à Freddy Maertens, de Oscar Egg à Hugo Koblet (Jacques Grello le surnomma « le pédaleur de charme » : certains considèrent ce gentilhomme du sport comme le plus beau

1. « Si le rocher de Sisyphe avait été muni de pédales, il eût (grâce à Coppi) roulé sans peine jusqu'au sommet à la barbe de Jupiter. » (Jacques Perret.)

champion qu'ils aient jamais connu), de Julian Berrendero à Vicente Lopez-Carril, qu'elles aient été vécues ou rendues plus majestueuses ou émouvantes par l'éloignement, les images sont classées dans ce fichier inouï qu'est la mémoire (lorsqu'on nous présente des bouts de films sur les hommes politiques, on s'étonne de leur ascendant sur les foules : en général, leurs gestes ressortissent davantage à l'opérette qu'aux tragédies de l'Histoire. Je n'ai jamais eu cette sensation en voyant Garrigou gravir les pentes de l'Aubisque, Lucien Buysse poussant son vélo à la main dans un Tourmalet de fin du monde, André Leducq ensanglanté dans le Tour de France 1930 (bouleversé par cette photographie, Arno Breker s'en inspira pour sculpter son *Guerrier blessé)*, André Darrigade ou Jean Stablinski gagnant un Championnat du Monde, Louison Bobet seul dans ce vestige d'un « cataclysme sidéral » qu'est la Casse Déserte : le temps ne corrompt pas les effigies sportives.)

Il y a le langage des coureurs étrangers qui se fixent ou participent à des épreuves dans un pays : la langue (nouvelle) qu'ils parlent est imprégnée de jargon cycliste : c'est dans les pelotons qu'ils font leurs universités ; leur académie est celle de la route : elle est toujours en mouvement. « J'en avais sous la pédale... j'ai débouché... le nez sur le guidon... j'ai percé... j'ai coincé près de l'arrivée... j'en ai pris un coup. » L'Anglais Barry Hoban est des plus pittoresques dans cet exercice. Il détrousse l'idiome cycliste, emprunte à des raccourcis de bandes dessinées : il est imagé donc très lumineux pour ceux qui partagent son existence sur deux roues. Rien d'artificiel, d'anémié : son verbe palpite. Avec un nombre limité de mots, il touche juste [1].

Il y a les surnoms. On a vu tout au long de ces pages, si l'on a bien voulu me suivre comme on suivrait un Paris-Roubaix (il vous aura fallu plus de mérite), que je me suis attaché souvent à transcrire les surnoms des coureurs. « Le Roi René », titre de ce livre, en témoigne.

J'ai gardé celui de Learco Guerra (iI fut champion du monde, cinq fois champion d'Italie, vainqueur d'un Tour d'Italie, deux fois second du Tour de France) pour la bonne bouche. Guerra,

---

1. Cette originalité, qui puise dans une tradition, a intéressé Roland Barthes. « Kubler (dit Ferdi, ou l'aigle de l'Adziwil). En sa qualité de Suisse allemand, Kubler a le droit et le devoir de parler petit nègre comme les Teutons de Balzac et les étrangers de la Comtesse de Ségur. » (« Ferdi malchanceux. Gem toujours derrière Ferdi. Ferdi peut pas partir. ») » (*Lexique des coureurs.*)

À l'inverse, René Vietto disait des mots anglais comme aurait pu les prononcer Raimu en forçant son personnage de bistrot du Vieux-Port. Exemple (sur un ton sentencieux, les épaules voûtées sous le poids du monde) : « Quand on est leader (prononcez léadère), on a des responsabilités. »

originaire de Mantoue, fut appelé « le Chaste ». Fut-il l'ascète le plus rigoureux de l'histoire du sport cycliste ? Les confessions de cet enfant du cycle (c'est presque un titre d'Alphonse Allais) n'ont pas paru. Impossible donc de répondre à la question. Mais la discipline qu'exige l'existence d'un homme qui s'est voué au vélo, là « où le dernier est encore un dernier vainqueur », ressemble fort aux conseils qu'aimait à donner Balzac. Qui a la passion de l'écriture et braconne du côté de la Petite Reine, résiste mal au plaisir de verser la pièce au dossier.

Conjonction oblige.

Ainsi Théophile Gautier raconte une visite qu'il fit à Balzac en 1835 : « Se donnant pour exemple, il (Balzac) nous prêchait une étrange hygiène littéraire. Il fallait nous cloîtrer deux ou trois ans, boire de l'eau, manger des lupins détrempés comme Protogène, nous coucher à six heures du soir, nous lever à minuit et travailler jusqu'au matin, et vivre surtout dans la chasteté la plus absolue. Il insistait beaucoup sur cette dernière recommandation, bien rigoureuse pour un jeune homme de vingt-quatre ou vingt-cinq ans. Selon lui la chasteté réelle développait au plus haut degré les puissances de l'esprit, et donnait à ceux qui la pratiquaient des facultés inconnues (...). Moyennant ce régime, il promettait de faire de nous, avec les dispositions naturelles qu'il se plaisait à nous reconnaître, un écrivain de premier ordre. On voit bien à nos œuvres que nous n'avons pas suivi ce plan d'études si sage. »

Ce texte de Théophile Gautier rappelle le témoignage d'un jeune homme intitulé (je crois) : *Une soirée avec Charles Baudelaire.* Ce provincial avait obtenu de passer une soirée avec son Dieu. C'était aux environs de 1855. Baudelaire le conduisit au bordel. Là, en dépit des sollicitations, le jeune homme dut demeurer assis à une table en tête à tête avec Baudelaire. Celui-ci passa de longues heures à expliquer qu'il ne fallait pas céder au plaisir de la chair sans s'y être longuement préparé. Préméditation, circonspection devaient être de mise. Quand le jeune garçon fut persuadé qu'en toutes circonstances il convenait de se dominer (est-ce le dandysme ou d'autres causes qui inclinaient le poète à cette résolution ?), les deux hommes quittèrent le lieu de tentation. « Ma vie durant je lui fus reconnaissant de ce conseil », conclut le jeune provincial.

Combien de traînards des pelotons se seraient épargné d'amères déceptions s'ils avaient su que les recommandations de Balzac et de Baudelaire pouvaient s'appliquer au sport cycliste ? Learco Guerra, lui, avait-il fait le trait d'union entre les deux activités, le stylo et le vélo ?

X

Le sport enseigne le réalisme. On se dégage d'un peloton, on s'y maintient ou, familier du fiasco, on décroche. On se joue d'un col ou on échoue sur un parapet loin de toute harmonie esthétique. Tout dépend de la charge vitale. C'est un monde où les simulacres ne l'emportent pas sur l'essence. Celui qui s'impose aux autres, qui commande une équipe, n'atteint pas le vedettariat par combine. Une imposture se glisserait-elle, quelques épreuves en dénoueraient l'écheveau. La mise au point suscite des « oui mais... » chez ceux qui trichent avec eux-mêmes. La foire aux vanités n'a pas pignon sur route.

Tout au long de cette promenade qui va de 1934 (l'année est historique à plus d'un titre. Les manuels scolaires devraient ajouter : juillet 1934 : par son sacrifice René Vietto sauvegarda le maillot jaune d'Antonin Magne) à 1976, je me serai diverti à raconter mes amours ratées avec la compétition. « Tout homme a son démon humble », écrit Montherlant. Il oublie que parler de soi pour se faire valoir ou ironiser, c'est toujours parler de soi ; qu'importe le moyen...

Il y aura eu, aussi, cette jubilation maniaque à citer des noms. Ces noms, parfois hors du temps, me sont magiques. Ils sont comme les bouquets cueillis dans les alpages ou les champs que traverse une course. Ils sont les composants d'une ballade et d'une cantilène. Je pourrais les aligner les uns après les autres et couvrir des pages. Les échos qu'ils font résonner en moi, ai-je su les rendre perceptibles ? ou ai-je visé la cible sans l'atteindre [1] ?

Et les coureurs ? Savent-ils vraiment quand ils s'alignent au départ que des millions de personnes (qu'ils ne connaîtront jamais) les épient dans l'attente du résultat, d'une heureuse surprise ou la peur d'une déception [2] ? Quel furoncle mal placé, quel anthrax, quel rhume, quel genou récalcitrant firent couler plus d'encre et portèrent plus d'inquiétude dans les foyers que le furoncle de Vietto, l'anthrax de Coppi, l'induration de Bobet, le rhume de Poulidor ou le genou de Guimard ?

Outre les itinéraires balisés par une habitude

---

1. Dans *Plaisirs des sports,* Jean Prévost se lamente de n'avoir donné « que la cendre d'une forêt de projets et de rêves ».

2. S'ils sont conscients des passions qu'ils inspirent et qu'ils ne cèdent pas au trac voire à la panique, c'est que leurs nerfs sont d'acier. « Il n'est pas un héros de Racine qui ne soit un sportif. » (Jean Giraudoux.)

qui ne poignarde ni la découverte ni le plaisir, le vélo m'aura offert les joies les plus inattendues. Il est des écrivains que l'on aime entre tous. Cioran est de ceux-là. Je me trouvais un soir avec lui dans les jardins du Petit Luxembourg. C'était notre première rencontre. Si mon interlocuteur se montrait d'une infinie courtoisie, il me semblait, néanmoins, que la conversation languissait. Les silences confinaient au malaise. Pour rompre la gêne, je dis comme on se jette à l'eau :

– Je vais partir pour Nice... Je ferai du vélo tous les jours.

– Du vélo ! Vous aimez le vélo !

Le visage de Cioran s'illumina : un sourire d'adolescent, et il eut quarante ans de moins. La petite Reine jouait le rôle d'une petite fée.

Il ajouta :

– J'ai eu deux passions dans ma vie : la lecture et la bicyclette... J'en avais acheté une, de course, à un étudiant roumain qui repartait au pays. C'était avant la guerre. Jusqu'en 1950, j'ai sillonné la France, la Bretagne surtout... [1] Pendant l'occupation, je tournais sur la place de la Concorde. J'avais l'impression d'avoir un vélodrome pour moi tout seul au beau milieu de Paris. Et quel vélodrome ! J'en ressentais comme

1. « Je plains, pour un avenir assez proche, les écrivains qui ne sont pas capables de monter le Galibier avec un développement de 5 m 90. » (Pierre Mac Orlan, émerveillé par René Vietto en 1934.)

une ivresse. J'ai décidé d'arrêter pour diverses raisons. D'abord, le surcroît de circulation. Trop de danger... Puis, au cours d'une étape dans un hôtel du midi, le patron me fit remarquer que « de recevoir un client à bicyclette était mauvais pour son standing ». Enfin, on me refusa l'autorisation de garer mon vélo dans la cave de l'hôtel où j'habitais à Paris. Confronté à cette ségrégation, j'abandonnai. J'ai compensé l'absence du vélo par la marche.

Ainsi celui qui « rêve d'un monde où l'on mourrait pour une virgule », le chasseur d'indicible, le familier des ténèbres qui drape de deuil le plus suggéré trait de lumière aimait le vélo ! La course au détachement fut un instant interrompue; le splendide isolement se peupla, par la grâce d'une passion commune. Nous parlions bicyclette sans « livrer de bataille au nom d'un regret ».

Depuis, quand il m'arrive de revoir Cioran ou qu'une de ses lettres me parvient, il ne manque jamais de faire allusion à cette soirée, avec humour. « Je suis particulièrement heureux que vous n'ayez pas oublié la bicyclette plus attachante que, mettons, la linguistique... Faites du vélo pour moi aussi... Je vous imagine en train de rouler dans le Midi. La sagesse, c'est cela. Je ne suis plus, pour mon malheur, qu'un ex-sage... » [1]

---

1. Puis-je me permettre cette immodestie ? Un jour, Cioran

Au matin du départ du premier Tour de France, Henri Desgrange[1] (« le père du Tour ») commençait son éditorial par ces lignes : « Du geste large et puissant que Zola[2] dans *La Terre* donne à son laboureur, *L'Auto*, journal d'idées et d'action, va lancer à travers la France aujourd'hui les inconscients et rudes semeurs d'énergie que sont les grands routiers professionnels. » C'était le 1er juillet 1903. L'épopée cycliste continue d'inspirer les muses. « Je défie quiconque a suivi une course cycliste d'échapper au style homérique quand il s'agit de faire revivre les épreuves du voyage auquel il a été mêlé. L'Iliade et l'Odyssée sont les moindres références pour ces multiples raisons que la notion de « retour à la maison » apparente chaque membre de la caravane à Ulysse, qu'une ration subtilement dosée d'obstacles et de péripéties s'ingénie à contrarier cette espérance, qu'on y sacrifie constamment des Iphigénies boueuses sur l'autel de la victoire finale,

écrivit au docteur Francis Saccon de Saint-Laurent-des-Arbres : « Mieux que personne, Louis Nucera a su tirer profit du double privilège du mouvement et du silence, car il existe une sagesse de la bicyclette. »

1. Dans un éloge à la divine bicyclette, Desgrange s'écrie : « Je l'aime pour m'avoir fait l'âme capable de la comprendre ; je l'aime de m'avoir pris le cœur avec ses rayons, d'avoir encerclé une partie de ma vie dans son cadre harmonieux. »

2. D'Émile Zola ce conseil familial : « Quelle bonne éducation que la bicyclette pour une femme. Si j'avais une fille, je la mettrais dès dix ans sur une bicyclette pour lui apprendre à se conduire dans la vie. »

et qu'on y pourchasse à tous les instants les ravisseurs d'une Belle Hélène ou d'une Toison d'Or, qui épouse parfois la forme d'un maillot jaune. » Ainsi parle Antoine Blondin.

Bercé par ces mélodies, ces grâces : comment se soustraire à l'enchantement ?

Chez moi, on l'a vu, cet enchantement dure depuis 1934. Cette année-là, quelque part dans les Pyrénées, « le Roi René » fit tonner les grandes orgues. L'enfant qui vit en moi demeure captif de la démesure d'un souvenir. Rien n'est venu immoler le rêve pérenne enclos dans la mémoire. Le point d'orgue s'est prolongé jusqu'à ce jour. Il me suffit de regarder l'image du gamin de vingt ans terrassé par le sacrifice. Fausto Coppi collectionnait les plus belles photos du cyclisme. Dans son Panthéon, un seul champion français : René Vietto. « Le premier qui ait tutoyé un vélo », disait-il.

« Il croyait que Dieu s'intéressait aux courses de bicyclette et il avait bien raison. Si Dieu ne connaissait pas à fond tous les métiers, il ne saurait pas le mal qu'on a pour avoir une âme présentable. » C'est Marcel Aymé qui s'exprime ainsi dans une nouvelle qui raconte l'histoire d'un coureur qui terminait toujours « le dernier ». Ce coureur s'appelait Martin. Après l'avoir montré priant, il le décrit vieux : « Martin devint si vieux qu'il ne voyait presque plus. Mais ses amies les bornes kilométriques, et même les plus petites qui sont tous les cent mètres, lui faisaient comprendre qu'il eût à tourner à droite ou à gauche. Sa bicyclette avait beaucoup vieilli elle aussi. Elle était d'une marque inconnue, si ancienne que les historiens n'en avaient jamais entendu parler. La peinture avait disparu, la rouille même était cachée par la boue et la poussière. Les roues avaient perdu presque tous leurs rayons. Mais Martin était si léger que les cinq ou six restants suffisaient à le porter. »

Je m'imagine, tel Martin, un jour, dans longtemps, si possible... avec dans la tête et le cœur des bouffées de délire... des cocktails d'enthousiasme... des souvenirs qui vont et viennent sur la pointe du pneu. Je ne serai plus qu'un trompe-l'œil qui roule... un fantôme... de la broderie en balade... un souffle démodé... Mais pas déchu ! Tout émoustillé de pédaler encore. Inlassablement ensorcelé de roue libre, de braquet, de panorama, de fable, de mythologie vélocipédique.

Je m'entends monologuer comme je viens de le faire durant trop de lignes. Et puis je m'entends rire... de moi... toujours... de mes marottes... de mes convoitises espiègles... de mes chagrins sportifs... de mes bouts d'enfance...

Château de la Boucauderie,
Saint-Arnoult-en-Yvelines.
Paris.
Décembre 1975-janvier 1976.
Et mai 1996.

Cet ouvrage a été reproduit
et achevé d'imprimer en juin 1996
dans les ateliers de Normandie Roto Impression s.a.
à Lonrai (Orne)
n° d'imprimeur : 960926
Dépôt légal : juin 1996
ISBN : 2-88456-003-3